KB196570

THE HISTORY 세계사 인물 6

에디슨

THE HISTORY 세계사 인물 6

에디슨

펴낸날 2024년 12월 20일 1판 1쇄

펴낸이 강진균

글 김종상

그림 김혜연

편집·디자인 편집부

마케팅 영업부

제작 강현배

펴낸곳 삼성당

주소 서울시 강남구 선릉로 747 삼성당빌딩 9층

대표 전화 (02)3443-2681 **팩스** (02)3443-2683

출판등록 1968년 10월 1일 제2-187호

ISBN 978-89-14-02184-7 (73990)

THE HISTORY 세계사 인물 6

에디슨

차례

일곱 번째 아이

　미국의 동북부, 캐나다와 국경을 이루는 이리호 근처의 오하이오주에 밀란이라는 마을이 있었다.

　'빈에서 국경을 넘어 여기까지 온 지도 벌써 5년이나 되었군. 정말 세월은 빨라!'

　에디슨의 아버지 새뮤얼 에디슨은 캐나다에서 학교 선생님으로 있던 낸시와 결혼할 당시가 그리운 듯 눈 오는 창밖을 바라보며 중얼거렸다.

　"우리 할아버지께서는 미국의 독립 전쟁이 시작되자마

자 워싱턴 장군 밑으로 들어가 영국군과 싸웠지. 그런데 독립 전쟁에 반대하던 아버지는 캐나다로 이사해 버렸어. 거기서 내가 태어났지. 나는 다시 아버지의 뜻을 어기고 캐나다 독립군에 들어가 영국군과 싸웠어. 그러나 그만 영국군에 진 뒤 빈에서 쫓겨나 이곳으로 오게 된 거야!"

그러자 아내 낸시가 말을 받았다.

"그렇지만 그 덕분에 우리는 자유의 나라에 와서 살게 되었잖아요. 이제는 여기서 오래오래 살도록 해요!"

새뮤얼과 낸시가 험한 산과 숲을 넘고, 때로는 들에서 잠을 자기도 하며 걷고 또 걸어, 가까스로 도착한 곳이 바로 밀란이라는 작은 마을이었다.

새뮤얼은 이 마을의 나지막한 언덕 위에 집을 지었다.

"이제 곧 아기가 태어날 것 같아요."

"오, 그래요? 부디 예쁜 아기가 태어났으면 좋겠소. 어쨌든 일곱 번째 아이니까."

낸시와 새뮤얼은 곧 태어날 아기에게 큰 기대를 걸고 있었다.

'일곱 번째로 태어나는 아이는 특별한 마술사가 된다.'라는 말이 예로부터 전해 오고 있었기 때문이다.

낸시는 지금까지 여섯 명의 아이를 낳았지만, 불행히도 세 명이나 잃어버렸다. 그래서 큰아들인 윌리엄과 그의 누나 말리온, 여동생 할리엇, 이렇게 삼 남매만 남아 있었다.

집 안은 램프 불빛 아래 난롯불이 빨갛게 타고 있어 아늑하고 따뜻했다.

"윌리엄, 어서 의사 좀 불러오너라!"

새뮤얼이 아들 윌리엄에게 갑자기 소리쳤다.

얼마 후 의사가 달려왔고 잠시 후 방 안에서 우렁찬 사내아이의 울음소리가 들려왔다. 1847년 2월 11일 새벽 3시였다.

"가장 좋은 이름을 지어 줍시다."

새뮤얼은 갓 태어난 아기를 바라보며 낸시와 아이들 앞에서 떨리는 목소리로 말했다.

"먼저 독립 전쟁 때 큰 활약을 하고 오래오래 사셨던 할아버지의 이름을 따서 토머스, 거기에다 앨바를 붙이도록 해야겠다. 내가 많은 신세를 진 앨바 브레드레이 선장의 이

름을 딴 것이야. 토머스 앨바 에디슨! 어떻소?"

"네, 좋아요."

막내딸 할리엣은 동생이 생겼다고 신이 나 있었다.

"그런데 이 아이는 머리가 유난히 큰 것 같아요."

윌리엄이 담요에 싸인 에디슨을 보며 말했다.

"허허, 매우 똑똑하고 총명한 아이가 되려는 모양이지."

아버지는 평온한 얼굴로 잠들어 있는 에디슨을 내려다보며 말했다.

그날 에디슨네는 집안 가득 웃음꽃이 피었다.

에디슨은 태어날 때부터 몸이 약한 편이었으나 아무 탈 없이 잘 자랐다. 누나와 형도 에디슨과는 나이 차이가 많이 났기 때문에 몹시 귀여워해 주었다.

에디슨은 비록 몸은 약했지만, 활기 있는 아이라서 자라면서 어디든지 혼자 돌아다녔다.

어느 날, 호기심 많던 에디슨은 곡식 창고에 몰래 들어가 사다리 꼭대기까지 올라갔다가 그만 미끄러져서 산더미처럼 쌓아놓은 밀 위로 떨어졌다.

그런데 밀 더미 속에서 빠져나오기 위해 몸부림치면 칠수록 몸은 점점 더 가라앉았다.

다행히 울음소리를 듣고 곧 사람들이 달려와 구해 냈기 망정이지, 아무도 알아차리지 못했더라면 숨이 막혀 꼼짝없이 죽었을지도 모를 일이었다.

이처럼 에디슨은 어릴 때부터 엉뚱한 짓을 잘했을 뿐만 아니라 보는 것마다 궁금해하고 신기하게 여겼다. 그래서 그 일들이 벌어진 까닭을 알고 싶어 가만히 있지 못했다.

"저건 왜 저렇게 되지요?"

"이건 또 왜 이렇게 되지요?"

한번 질문을 하면 끝이 없었다.

원래 아이들은 호기심이 많아 무엇이든 묻기를 좋아한다지만 에디슨은 다른 아이들과 견주어 볼 때 그 정도가 지나쳐 보였다.

그러나 자상하신 어머니는 아들의 질문에 항상 친절하게 대답해 주었다.

에디슨이 아직 초등학교에 들어가기 전의 어느 날이었다.

"여기에 있는 모이를 닭장에 갖다 놓아라!"

어머니의 말을 듣고 에디슨은 닭 모이가 가득 들어 있는 바구니를 들고 닭장으로 갔다.

"꼬꼬댁꼬꼬댁 꼬꼬꼬……."

"꽥 꽥꽥 ……."

닭과 거위들이 마구 떠들어 대면서 모이를 먹으려고 한꺼번에 우르르 몰려들었다.

그런데 맨 뒤에 있던 거위가 일어서는 곳을 보니 하얀 알 몇 개가 가지런히 놓여 있는 것이 아닌가.

자세히 보니 거위는 모이를 먹고 나서 또다시 알을 품으려고 앉았다.

"엄마, 거위는 왜 저렇게 가만히 알 위에 앉아 있는 거예요?"

"어이구, 또 '왜'가 시작되는구나. 그건 말이야 몸으로 알을 따뜻하게 해 주는 거란다."

"왜 따뜻하게 해 주는 거예요?"

"그건 말이지, 어미 거위가 알을 따뜻하게 품어 주어야 알에서 새끼 거위가 태어날 수 있기 때문이란다."

"알을 따뜻하게 해 주면 새끼 거위가 태어나는 건가요?"

"그렇단다. 새끼 거위도 병아리도 모두가 그렇게 해서 태어나는 거란다."

"음, 알을 따뜻하게 해 주면 새끼가 태어나는 거군요. 이제 알았어요!"

그날 에디슨은 아침을 먹고 나간 뒤 한낮이 다 되도록 돌아오지 않았다.

'어디에 갔을까?'

어머니는 걱정이 되어 사방으로 찾아다녔으나 끝내 찾지 못하고 근심스러운 얼굴로 집에 돌아왔다. 아버지도 일터 부근이나 가까운 냇가까지 가서 찾았으나 에디슨은 어디에도 없었다.

아버지와 어머니는 애가 탔다.

"앨바야! 어디에 있니? 대답해라!"

어머니가 울음 섞인 목소리로 외쳤다.

그때였다. 집 안을 두리번거리던 아버지의 떨리는 목소리가 들려왔다.

"여보, 여기 있소. 봐요, 저 아이가 하는 짓을."

에디슨은 헛간 구석에 웅크리고 앉아 거위알을 품고 있었다.

"아니, 앨바야! 대체 여기서 뭘 하고 있는 거니?"

"쉿! 조용히 하세요. 조금 있으면 거위 새끼들이 껍데기를 깨고 나올 거예요."

"녀석, 엉뚱하기는……."

"애, 그만 나오너라. 거위알은 거위가 품어야지 사람이 품으면 부화되지 않는단다."

에디슨은 어머니의 말을 듣고서야 헛간에서 나왔다. 그러나 일어나다가 그만 알을 깨뜨리는 바람에 바지는 노른자위로 온통 범벅이 되고 말았다.

에디슨이 거위알을 품었다는 소문은 금방 온 동네에 널리 퍼졌다.

"그 애는 머리가 좀 어떻게 된 것이 아닐까요?"

"글쎄 말이에요. 그렇지 않고서야…… 쯧쯧!"

사람들은 모두 이렇게 수군거렸다.

그래도 에디슨은 아무 일도 없었다는 듯 여전히 어른들의 일터를 찾아다니며 놀았다.

언덕 위의 집에서 뛰어 내려온 에디슨은 운하 옆에 있는 목재 공장으로 달려갔다.

이리호로 흘러 들어가는 운하 부근에는 배를 만드는 조선소와 널빤지를 만드는 제재소가 있었다.

에디슨은 제재소에서 일하고 있는 아저씨에게 이것저것을 묻기 시작했다.

"아저씨, 배는 왜 물 위에 뜨지요?"

"그런 어려운 문제는 아직 몰라도 돼!"

"이 기계는 왜 움직이죠?"

"너는 언제나 '왜, 왜?' 하면서 사람을 귀찮게 굴더라. 아저씨는 아는 게 없어서 그런 건 모른다. 그리고 네가 옆에 있으면 일에 방해가 되니 다른 곳에 가서 놀아라."

에디슨은 아저씨들에게 무안을 당하면서도 끈질기게 묻곤 했다.

아저씨들이 아예 대꾸해 주지 않자, 심술이 나는지 시무

룩한 얼굴로 돌아섰다. 에디슨의 끈질긴 질문에 혼이 난 아저씨들은 그가 돌아가는 걸 보며 수군거렸다.

"저 아이는 머리가 약간 모자란 게 아닐까?"

"그래. 그토록 엉뚱한 질문만 해 대는 걸 보면 분명 머리가 나쁜 녀석임이 틀림없어."

아저씨들은 자신들이 에디슨의 물음에 선뜻 대답하지 못한 걸 부끄러워하기는커녕 그렇게 비웃었다.

그러나 에디슨은 제재소 아저씨들이 비웃거나 수군거려도 전혀 개의치 않았다.

어느 날 장난꾸러기 에디슨은 슬그머니 제재소에 들어갔다. 곧 에디슨은 거기서 판자를 가지고 나와 강으로 갔다.

'강에 다리를 놓고 저쪽 기슭까지 건너가 봐야겠다.'

에디슨은 판자를 끌고 가서 폭이 좁은 곳에 다리를 놓았다. 그리고 나서 그 위를 건너다니며 신나게 놀았다. 그러나 한동안 다리를 건너다니다 보니 왠지 싫증이 났다.

'뭔가 더 재미있는 놀이는 없을까?'

에디슨은 강물을 내려다보며 더 재미있고 더 새로운 놀

이가 없을지 생각했다.

'그렇지! 나무로 뗏목을 만들어 운하*를 탐험하자.'

한번 작정하면 해 보지 않고는 배기지 못하는 에디슨이었다.

호기심이 많은 소년 에디슨은 물속을 들여다보며 한참 동안 넋이 빠져 있었다.

"앗! 잉어다."

에디슨은 몸을 굽혀 물고기를 잡으려다 그만 중심을 잃고 강물에 빠지고 말았다.

"으악! 사… 사람 살려요."

수영을 할 줄 모르는 에디슨이 허우적거리며 외치는 소리를 듣고 제재소 아저씨들이 달려 나왔다.

운하

바다, 강, 호수 등을 연결시켜 배가 통할 수 있도록 만든 수로. 인류는 오랜 옛날부터 산업을 발달시키기 위해 운하를 건설했다. 이 운하에는 강의 수면과 운하의 수면 높이가 같은 개방식 운하와 바다나 강의 수면보다 운하의 수면이 더 높아 수문을 여닫는 수문식 운하가 있다.

고린도 운하를 통해 배가 통과하는 모습

"잠깐만 기다려라. 내가 곧 구해 줄 테니까."

덩치가 좋은 한 아저씨가 물에 빠진 에디슨을 안전하게 구해 주었다.

'어휴! 하마터면 물귀신이 될 뻔했군.'

에디슨은 한동안 겁에 질려 한마디도 말할 수 없었다.

"혼이 났으니, 앞으로는 짓궂은 장난을 하지 않겠지요?"

"아들의 목숨을 구해 주어 참으로 고맙소!"

덩치 좋은 제재소 아저씨에게 아버지가 연신 머리를 숙일 때도 에디슨은 입을 꼭 다문 채 자신이 빠졌던 강물만 바라보고 있었다.

'이다음에는 실수 없이 해낼 거야.'

그러나 에디슨은 얼마 동안 운하 근처에도 가지 못했다. 그리고 그 일로 인해 집 밖으로 나가는 것이 금지되었지만 그는 잠시도 가만있지를 못했다. 하루는 언덕 밑에 있는 농가 부근의 덤불 속에 호박벌이 커다란 집을 짓고 있다는 것을 알아냈다.

에디슨은 당장 그 덤불로 달려가 옆에 떨어져 있는 나무

막대기를 집어 들고 그 벌집 위를 탁탁 두들겼다.

'헤헤헤, 벌들은 모두 어디론가 날아간 모양이지. 그런데 호박벌은 왜 저렇게 집에다 구멍을 숭숭 뚫어 놓았을까? 어디, 내가 한번 알아봐야지.'

에디슨은 들고 있던 막대기를 호박벌 집의 한가운데에 찔러 넣고 빙빙 돌려 보았다.

바로 그때, '달가닥달가닥'하는 짐승의 발굽 소리가 뒤에서 들려왔다.

에디슨이 얼른 돌아보니 부근 농가에서 기르고 있는 숫양이 자신을 향해 달려들고 있었다.

"앗! 심술쟁이 양이 또 나타났구나. 달아나자!"

에디슨은 그만 가슴이 철렁 내려앉았다.

예전에도 숫양의 뿔에 받힌 적이 있었기 때문이다. 장난꾸러기 에디슨도 숫양에게만은 꼼짝을 못했다. 그래서 벌집에 막대기를 꽂아 놓은 채 그대로 달아났다.

숫양은 뿔을 곤두세운 채 뒤쫓아 오고 있었다. 에디슨은 정신없이 도망을 쳤다.

뒤에서 달려오는 숫양의 사나운 콧김 소리가 들려왔다.

"아이코, 큰일났다. 이제 나는 끝장이구나!"

한참 도망을 치다 보니 앞쪽에 농가의 울타리가 보였다. 에디슨은 농가의 울타리 속으로 미끄러지듯 기어서 들어갔다. 그제야 숫양은 울타리 앞에 우뚝 멈추어 선 채 뿔을 흔들어 댔다.

"후유!"

에디슨이 안도의 한숨을 쉬고 있을 때였다. 난데없이 에디슨의 머리 위에서 '윙윙윙!' 하는 소리가 들려왔다. 어디서 나타났는지 수많은 호박벌이 울타리 주위를 빙빙 돌고 있는 것이 아닌가?

벌은 울타리 따위는 아랑곳하지 않고 곧장 에디슨에게 달려들어 마구 쏘아댔다. 에디슨은 두 손으로 얼굴을 가린 채 웅크리고 있었지만, 호박벌들은 에디슨을 가차없이 공격했다.

에디슨이 일곱 살이 되던 1854년, 아버지는 미시간주의 포트휴런으로 이사를 간다고 말했다.

포트휴런과 가까운 곳에 철도가 부설되면서부터 밀란의 항구로 들어오는 배가 점점 줄어들어 아버지의 장사가 잘 안되었기 때문이다.

철도가 부설되기 전에는 밀이나 옥수수 같은 곡물은 모두 배로 운반하고 있었다. 곡물을 실은 배는 이리호로부터 운하를 통해 밀란으로 모여들었다.

그러나 기차가 다니고부터는 지금까지 배로 운반되던 곡물이 모두 기차로 운반되어, 기차가 다니는 도시에서만 곡물의 매매가 활발하게 이루어졌다.

이제 밀란에는 들어오는 배도 점점 줄어들었고, 창고도 텅텅 비었다. 그러자 장사도 되지 않고, 많은 사람들이 졸지에 일자리를 잃게 되었다. 그래서 에디슨의 아버지는 이사를 결심했던 것이다.

"이래서는 도저히 장사를 할 수가 없겠어. 아무래도 장사가 될 만한 곳으로 이사를 가야겠다."

포트휴런은 휴런호수로부터 세인트클레어강이 흐르기 시작하는 곳에 있는 도시로 강 건너편은 캐나다였다.

에디슨의 가족은 그곳에 큰 집을 샀다.

숲으로 둘러싸인 커다란 이층집으로 넓은 마당과 지하실이 있고, 마당 한쪽으로는 푸른 호수와 초원이 펼쳐져 있었다.

어느 날 아버지는 호수가 내려다보이는 언덕 위에 높이가 30미터나 되는 전망대를 세웠다. 계단을 따라 빙글빙글 돌아서 꼭대기로 올라가면 강이나 호수가 한눈에 내려다보였다.

아버지는 전망대에다 망원경을 설치했다.

이때 에디슨은 안내인이 되어 구경꾼들로부터 돈을 받고 아름다운 경치를 안내했다.

구경하러 온 사람들은 친절하고 나이 어린 안내인을 몹시 귀엽게 생각하고 좋아했다. 에디슨은 25센트씩 입장료를 받아 꽤 많은 돈을 벌었다.

그는 돈을 벌어 부모님을 도울 수 있게 되었을 뿐만 아니라 용돈도 넉넉하게 쓸 수 있어 마냥 기뻤다.

다음 해 여덟 살이 되었을 때 에디슨은 초등학교에 입학했다.

에디슨은 글을 읽거나 쓰는 것, 또는 계산하는 것만으로는 학교 공부에 재미를 느끼지 못했기 때문에 공부는 언제나 꼴찌에 그쳤다.

하지만 에디슨에게는 모든 것이 궁금하기만 했다.

"선생님! 질문 있어요. 왜 1더하기 1은 2가 되나요?"

"이 녀석아! 그건 당연히 2가 맞는 거지."

"1에다 1을 더하면 음… 그냥 1이 될 것 같은데……."

"또 시작이군. 난치병이다, 난치병……."

"물 한 방울에 물 한 방울을 더해도 물은 그대로 한 방울밖에 안 되잖아요. 안 그런가요, 선생님?"

그러던 어느 날이었다. 이날도 에디슨은 수업 시간에 엉뚱한 질문을 하기 시작했다.

"선생님! 하늘은 왜 파랗지요?"

"에디슨! 쓸데없는 질문 말고 일어나서 책이나 읽어 보거라."

그러나 평소에 글을 읽거나 쓰는 것에 재미를 느끼지 못했던 에디슨은 책을 읽지 못했다.

"글자도 못 읽다니, 이런 바보 녀석!"

학교를 마치고 집에 돌아온 에디슨은 화가 잔뜩 난 얼굴로 어머니에게 말했다.

"어머니! 이제 학교 안 다닐래요."

"아니, 갑자기 그게 무슨 말이니?"

에디슨은 학교에서 있었던 일을 모두 말했다.

"아니, 뭐라고? 선생님이 너더러 바보라고 했다고?"

다음 날 학교에 찾아간 어머니는 선생님께 항의했다. 그리고 에디슨을 학교에 보내지 않고 집에서 가르치겠다고 통보했다.

그래서 에디슨이 초등학교에 다닌 것은 겨우 3개월밖에 되지 않았다.

중학교 교사를 지냈던 어머니는 에디슨이 여느 아이와는 다른 뛰어난 재능을 가지고 있다는 사실을 잘 알고 있었던 것이다.

"자, 이제부터는 이 엄마가 선생님이다."

"엄마가 제 선생님이 된다고요? 와, 신난다!"

결국 에디슨은 자퇴하고, 어머니와 함께 집에서 공부하게 되었다. 어머니는 날씨가 맑은 날이면 정원에 책상과 의자를 준비해 놓고 시원한 바람을 쐬면서 에디슨을 가르쳤다.

"야! 역시 엄마가 선생님이니 참 좋구나!"

에디슨도 매우 기뻐했다. 어머니는 정성을 다해서 에디슨을 가르치며 선생님의 역할을 톡톡히 했다.

유럽의 역사는 물론 옛 로마 시대나 영국 등 세계 여러 나라의 이야기도 들려주었다. 좀 어려운 내용이었으나, 모두가 처음 듣는 새로운 이야기들이라 에디슨에게는 매우 재미있고 흥미로웠다.

어머니에게 배운 지 4년 남짓하여 에디슨은 다른 나라의 역사나 시도 읽을 수 있게 되었다.

에디슨이 가장 좋아했던 과목은 역시 과학이었다.

에디슨이 아홉 살이 되었을 때였다. 어머니는 '파카'라는 사람이 쓴 과학책을 사다 주었다. 그 책에는 여러 가지 실험 방법이 실려 있었다.

어느 날, 어머니가 에디슨에게 물었다.

"무게가 1파운드 되는 물건과 5파운드 되는 물건을, 아버지가 세우신 저 전망대 같은 높은 곳에서 동시에 떨어뜨린다면 어느 것이 먼저 땅에 닿게 될까?"

"그야 5파운드짜리 물건이죠."

"그럴까? 자, 그럼 정말로 그런가 어디 한번 실험해 볼까?"

에디슨은 작은 돌멩이와 큰 돌멩이 두 개를 주워 전망대 위로 올라갔다.

"자, 잘 보세요, 어머니."

"잘 보아야 할 사람은 바로 너란다. 에디슨!"

그런데 이상하게도 실험 결과는 에디슨의 생각과 달랐다. 몇 번씩 되풀이해 보아도 그 결과는 똑같았다.

"이상한데요? 무거운 것과 가벼운 것이 똑같이 떨어지다니."

"에디슨, 이제 알았지? 이것은 이탈리아의 갈릴레이라는 학자가 피사의 사탑에서 실험하여 발견한 사실이란다."

에디슨은 이때 실험보다 더 중요한 건 없다고 깨달았다.

에디슨은 파커가 쓴 책을 열심히 읽고, 그 책에 나와 있는 실험을 혼자서 하기 시작했다.

갈릴레오 갈릴레이(1564~1642)

1564년 이탈리아의 항구 도시 피사에서 귀족 출신인 빈센조 갈릴레이의 일곱 남매 중 장남으로 태어났다. 갈릴레이는 음악가였던 아버지의 소질을 이어받아 음악과 수학에 남다른 재주가 있었으나 아버지는 의사가 되기를 원하였다.

1581년에 피사 대학의 의학부에 입학하였으나 수학과 물리학에 더 큰 흥미를 느꼈다. 1583년에는 피사 성당에서 길게 늘어져 흔들리는 샹들리에의 흔들림을 유심히 관찰하면서 '진자의 등시성'을 발견하여 맥박계에 응용하였다. 1585년에 피사 대학을 중퇴한 뒤, 피렌체에서 수학 연구를 계속하다가 1589년에 피사 대학의 수학 강사가 되었다. 그는 아리스토텔레스의 학설을 비판적으로 고찰하다가 "모든 물체는 종류와 크기에 관계없이 같은 속도로 낙하한다."는 '자유낙하의 법칙'을 발견하였다. 피사의 사탑에서 무게가 다른 두 개의 쇠공을 떨어뜨렸다는 유명한 일화는 이 법칙을 증명하기 위한 실험이었다고 알려져 있지만 확실하지는 않다.

1591년에 베네치아 공화국의 파도바 대학 교수로 자리를 옮겼

다. 여기서 그 당시 소개되기 시작한 새로운 지식을 폭넓게 익혔으며, 군사학·기계학·천문학 등을 연구하였다.

1609년에는 네덜란드에서 발명된 망원경을 개량해서 그 배율을 높여, 천체 관측에 처음으로 사용하였다. 이 관측으로 태양에 흑점이 있고 그 흑점이 운동하고 있다는 것, 목성에도 네 개의 위성이 있다는 것 등을 발견하였다.

1610년에는 피렌체 공국 코시모 2세의 초청을 받아 궁정 소속의 수학자가 되었다. 이 무렵 그의 지동설이 큰 파문을 일으켰다. 그 결과 1616년에 교황청으로부터 이 학설이 금지되어 갈릴레이의 활동은 즉각 중지되었다. 그 후 갈릴레이는 과학에 조예가 깊다는 우르바누스 8세가 교황으로 즉위하자, 다시 새 학설을 담은 책을 낼 것을 결심하고, 출판 허가를 얻기 위해 로마에 갔다.

그는 교황청 도서 검열계로부터 코페르니쿠스의 지동설을 '가설'로서 서술한다면 출판해도 좋다는 허가를 받았다. 이렇게 하여 《천문 대화》라는 제목으로 1632년에 출판하였다. 그런데 이 책은 겉으론 천동설을 지지하면서도 실질적으로는 지동설을 주

장하고 있었다. 그래서 결국 종교 재판에 회부되어 천동설이 옳다는 자백을 하였지만, '그래도 지구는 돈다.'라는 유명한 명언을 남겼다.

이 재판을 받았을 때 그는 이미 70세나 되는 고령이었다. 그는 종신 금고형을 선고받고 피렌체 교외의 자택에서 고독한 여생을 보냈다. 그러나 그는 이 와중에도 《신과학 대화》를 써서 1638년 네덜란드에서 출간하였다. 그러나 갈릴레이는 장기간의 무리한 망원경 관측이 원인이 되어 실명하였으며, 1642년 세상을 떠났다.

지동설을 주장하다 종교 재판에 부쳐져 법정에 선 갈릴레이.

하늘을 날기 위하여

에디슨은 하루 종일 공부만 한 것은 아니었다. 마음껏 들판을 뛰어다니며 놀았고, 때로는 열심히 일을 했으며, 어떤 때는 친구들과도 곧잘 어울렸다.

"마이클, 우리 재미있는 놀이할까?"

에디슨과 친구 마이클은 굴속처럼 어두컴컴한 지하실로 들어갔다. 지하실 안은 흙냄새로 숨이 막힐 것 같았다. 감자나 양파를 담아 놓은 상자들이 당근이나 양배추, 사과 등과 같이 쌓여 있었다. 또한 선반에는 채소 통조림이나 잼을 담은 병들이 나란히 놓여 있었다.

"여기는 우리들의 비밀 연구실이야."

에디슨은 빈 병이나 단지들을 잔뜩 가지고 와서 비어 있는 선반 위에 가지런히 놓았다.

"아니, 이것을 모두 무엇 하려고 모아 두었니?"

마이클이 묻자, 에디슨은 사뭇 진지한 표정을 짓더니 선반을 가리키며 말했다.

"독약을 만드는 거야."

"뭐? 독약이라고?"

마이클이 자세히 보니 선반 위에 놓인 모든 병에는 독약이라고 쓴 종이가 붙어 있었다.

"헤헤, 근데 실은 독약이 아니라 그렇게 표시만 한 거야."

"으음, 그렇구나."

"내게 기막힌 생각이 하나 있는데……. 마이클, 들어 볼래? 너, 새처럼 날고 싶지 않니?"

"새처럼 난다고?"

"그래! 새처럼 말이야."

공기보다 가벼운 기체를 이용해 하늘을 나는 기구들. 기구를 띄울 때는 바람의 방향과 세기를 가장 먼저 짐작해야 한다.

"날개도 없는데 어떻게 날아?"

"그건 말이야, 가스를 몸속에 넣어 공기보다 가볍게 하면 돼! 그러면 몸이 풍선처럼 둥둥 뜰 거야. 그때 두 팔을 이렇게 펴고 날갯짓하면 돼!"

"설마 그럴 리가……?"

"정말이야. 한번 실험해 볼래? 자, 마이클! 이 약을 한번 먹어 봐."

'독약'이라고 적혀 있는 병 중에는 공기보다 가벼운 가스를 만드는 약품이 있었다.

에디슨은 마이클에게 그 약을 먹였다.

'몸 안에서 약품이 부글부글 거품을 내며 가스를 내뿜으면 마이클이 '붕' 떠오르게 될 거야. 밖으로 튀어 나가 구름까지 날아올라가 버리면 어떻게 하지?'

에디슨은 은근히 걱정이 되었으나 그런 생각은 곧 사라졌다.

마이클은 꼼짝도 하지 않고 그 자리에 서 있었기 때문이다.

"마이클, 왜 떠오르지 않는 거지? 양이 적은 게 아닐까?"

에디슨이 마이클의 얼굴을 들여다보며 말했다.

"아니, 그런데 뱃속이 좀 이상해."

마이클은 에디슨보다 두서너 살이나 더 먹었으나 에디슨의 말을 아주 잘 들었다.

"그래, 약을 조금만 더 먹어 봐!"

마이클은 다시 에디슨이 내미는 가루약을 입에 넣고 물을 한 모금 마셨다.

"마이클 어떠니? 이젠 몸이 훨씬 가벼워졌지?"

"아니야, 뱃속이 갑자기 부글부글 끓어오르는 게 왠지

토할 것만 같아."

"그것 봐, 됐다 됐어! 이제야 제대로 가스가 생기는 모양이야. 이젠 입을 다물고 가만히 있어. 곧 네 몸이 떠오를 거야."

마이클은 에디슨이 시키는 대로 입을 꼭 다물고 드러누웠다.

"어때, 마이클?"

에디슨은 몸이 달아 큰 소리로 물었다.

"아이고 배야! 아이고 아파! 아야 아야……."

마이클은 갑자기 배를 움켜잡고 뒹굴기 시작했다.

"마이클! 조금만 참으라니까 그래. 가스가 몸으로 퍼지기만 하면 기구처럼 공중에 둥둥 떠오르게 된다니까."

에디슨은 배가 아파 뒹구는 마이클은 아랑곳하지 않고 오직 공중에 떠오르는 일만을 생각하며 꼼짝도 하지 않고 그 자리에 서서 기다렸다. 그러나 마이클은 공중에 떠오르기는커녕 점점 더 괴로워하기만 했다.

"아이고, 나 죽는다!"

마이클은 참다못해 엉엉 울기 시작했다. 그때야 깜짝 놀란 에디슨은 허둥지둥 어머니에게 달려갔다.

"엄마, 큰일 났어! 마이클이……."

이야기를 듣고 난 어머니는 깜짝 놀라 마이클에게 재빨리 달려갔다. 어머니는 마이클이 먹은 약을 토하게 하여 다행히 목숨만은 건질 수 있었다.

"정말 바보짓만 하는 녀석이야!"

급히 달려온 아버지도 잔뜩 화가 나서 에디슨의 목덜미를 거머쥐고 밖으로 끌고 나갔다.

"사람의 목숨까지 위험하게 하는 녀석은 그대로 둘 수 없어."

아버지는 회초리를 들고 사정없이 에디슨의 종아리를 때렸다.

"자, 잘못했어요! 아버지, 다시는 안 그럴게요."

"좋아, 그럼 이젠 저 지하실에 있는 것은 모두 치우고 독약이라는 것도 모두 버려라!"

"안 돼요, 그것만은."

"뭐, 그럼 용서할 수 없다!"

아버지가 또다시 회초리를 들자 어머니가 말렸다.

"그만해 두세요."

에디슨은 다시는 그런 실험을 하지 않겠다는 굳은 약속을 하고야 겨우 용서를 받았다. 그러던 어느 날이었다.

"이젠 전망대을 지키는 일도 하지 않게 되었으니, 무슨 다른 일은 없을까요?"

에디슨은 아버지를 졸랐다.

"일이란 자기 스스로 찾아야 하는 거야. 봐라, 저기 묵정밭을 가꾸는 일도 좋지."

"야, 신난다! 친구 마이클과 함께 가꿔도 돼요?"

"그럼, 되고말고."

에디슨과 마이클은 곧 밭을 갈기 시작했다. 그리고 에디슨과 마이클은 여러 가지 채소 씨앗을 뿌리며 기분이 들떴다.

얼마 후 에디슨의 밭에는 채소가 파릇파릇 자라고 있었다.

"우리 채소 장사 한번 해 볼까?"

"좋아! 해 보자."

에디슨과 마이클은 채소를 마차에 싣고 휴런 시내로 팔러 나갔다.

"싱싱한 채소요! 오늘 아침에 뽑아 온 거예요."

"그래? 정말 싱싱하구나. 좀 주려무나."

"고맙습니다."

지난날 학교에서 모든 학생으로부터 바보라고 놀림을 받을 때의 에디슨과는 아주 다른 사람이 되어 있었다. 에디슨은 점점 장사에 재미를 붙여서 가까운 농장에서 사과, 배, 포도 등 과일까지도 받아다가 팔았다.

에디슨은 채소 장사를 해서 번 돈을 모두 어머니에게 맡기고, 그 대신 용돈을 많이 받았다.

에디슨은 이렇게 1년 동안 채소를 팔아 500달러의 이익을 얻었다. 어머니는 그런 아들이 대견스러워 머리를 쓰다듬어 주면서 칭찬했다.

에디슨은 이제 열두 살의 의젓한 소년이 되어 있었다.

그 무렵 에디슨 가족이 살고 있던 포트휴런과 디트로이트 사이에 드디어 철도가 놓이게 되었다.

어느 날 밤, 에디슨은 저녁을 먹고 난 뒤 어머니에게 말했다.

"어머니, 일도 하면서 공부하는 방법을 찾고 싶어요."

"대체 무슨 일을 하고 싶다는 거니?"

"기차 안에서 신문을 팔면 어떨까요?"

"너는 아직 안 돼. 또 기차를 타는 것도 위험하고……."

어머니는 공부할 돈을 줄 테니 그만두라고 말렸다.

"네가 일을 할 생각이라면 공장에 와서 심부름이나 하거라."

아버지도 에디슨이 신문 파는 일을 하는 데 반대했다.

"그렇지만 저는 그 일을 꼭 하고 싶어요."

한번 말을 꺼내면 기어이 하고야 마는 에디슨은 부모님 몰래 철도 회사를 찾아가 기차 안에서 신문이나 잡지, 과일이나 과자까지 팔아도 좋다는 허락을 받았다.

마침내 에디슨은 어머니의 승낙까지 받았다.

'이제 디트로이트에 있는 도서관에서도 많은 책을 읽을 수 있게 되었구나!'

그 무렵, 기차는 포트휴런과 디트로이트 사이를 하루에 한 번밖에 왕복하지 않았기 때문에, 오전에 디트로이트에 갔다가 되돌아오는 기차를 타기까지는 시간이 남았다.

에디슨은 그 시간을 이용하여 책을 읽을 생각이었다.

"그럼, 다녀오겠습니다."

"기차에서 떨어지지 않도록 조심해야 한다."

신문을 잔뜩 팔에 끼고 기차에 오르는 에디슨의 모습을 보며 어머니는 아무래도 걱정스럽다는 듯이 말했다.

"에디슨은 잘 해낼 거야."

어머니는 제법 소년티가 나는 일곱 번째 아이를 흐뭇한 표정으로 바라보았다.

"신문 있습니다. 사과에 샌드위치, 맛있는 캔디도 있습니다."

에디슨은 이렇게 외치며 찻간을 누비고 다녔다. 에디슨의 생각대로 손님들은 지루함을 풀기 위해 너도나도 신문과 잡지, 과자 등을 샀다.

에디슨은 신이 났다.

기차는 모두 세 칸으로 되어 있었는데, 손님을 태운 것은 두 칸뿐 나머지 한 칸은 담배를 피우기 위한 흡연실과 우편물, 소화물 방으로 나뉘어 있었다.

에디슨이 파는 물건을 보관하는 곳은 바로 흡연실이었다.

한 차례 물건을 팔고 나면 그 다음엔 남는 시간이 생겼다.

디트로이트에 도착해서 신문, 잡지, 과일, 캔디 등 물건을 사들이고 나면 저녁에 기차가 떠날 때까지 할 일이 없었다.

에디슨은 남는 시간에 디트로이트의 도서관으로 갔다. 도서관의 책을 맨 밑의 선반에서부터 순서대로 읽고, 그 선반의 책을 다 읽고 나면 또 다른 선반의 책을 읽었다.

에디슨이 그렇게 도서관의 책을 읽다 보니 마침내 디트로이트 도서관의 책은 한 권도 빼놓지 않고 모두 다 읽게 되었다.

어느 날, 에디슨은 신문을 모두 팔고 흡연실로 돌아와 쉬다가 문득 좋은 생각이 떠올랐다.

'그렇지, 지하실에 있는 실험실을 이곳으로 옮기는 거야.'

에디슨은 차장의 눈을 피해 살짝 소화물 방을 치운 다음, 디트로이트에서 약품을 조금씩 사 가지고 왔다. 그리고 기차가 흔들려도 병이 떨어지지 않도록 선반을 고정했다. 또한 선반 가득히 줄지어 약병을 늘어놓았는데 약병에는 전부 '독약'이라는 표찰을 붙여 놓았다.

이제 소화물 방은 실험실이 된 것이다.

"아무튼 너는 알아줘야 해. 그렇지만 만약 기차 운행에 조금이라도 방해가 될 때는 당장 치워야 한다. 알겠지?"

차장은 소화물 방이 실험실로 꾸며진 것을 보고 깜짝 놀랐으나, 에디슨의 끈기에 마지못해 눈감아 주었다.

에디슨은 물건을 파는 동안에도 틈틈이 디트로이트에서 사 온 실험 책을 보면서 실험에 몰두했다. 가루약을 녹여 시험관에 넣고 흔들어 보거나, 플라스크 안에 넣어 섞어 보기도 했다.

실험할 때마다 플라스크에 든 물질의 색깔이 변하거나 가스가 생기는 것이 마냥 신기하기만 했다. 또 공기를 압축시키는 실험을 이용하여 종이 총알이나 코르크 총알을 쏠 수 있는 딱총 등을 만들어 보기도 했다.

렌즈를 지나 빛이 구부러지거나 꺾이는 모양을 보고 에디슨은 자기도 모르게 탄성을 질렀다.

"우와……!"

"참, 녀석도. 실험하는 게 저렇게도 좋을까? 쳇! 그런데 매일 같이 저 짓만 하고 있으니…… 나 원, 참!"

에디슨은 실험 책을 그저 읽기만 하는 것이 아니라 자신이 직접 실험했다.

간혹 실험이 재미있을 때는 과일이나 신문을 파는 일조차 잊어 버리기도 했다.

"신문팔이 소년은 그만뒀소?"

"아닙니다. 아마 화장실에 갔나 봅니다."

이때 차장이 소화물 방의 문을 열어 보면 에디슨은 실험에 열중해 있곤 했다.

"에디슨! 손님들이 신문과 과일을 달라고 아우성친다."

"아…… 알았어요."

열두 살이 된 에디슨은 번 돈 중에서 하루에 1달러씩을 하숙비 명목으로 어머니에게 주었다.

이처럼 에디슨은 소년 때부터 사회에 나가 혼자 힘으로 꿋꿋하게 살아가는 방법을 익혔다.

"너는 정말 잠시도 가만히 있질 못하는 아이로구나! 아무튼 항상 건강을 조심해야 한다."

어머니는 종종걸음으로 돌아다니는 에디슨이 걱정이 되고 안쓰러워 입버릇처럼 말했다.

에디슨은 기차에서 내려 집으로 돌아와서도 잠자는 시간을 아껴 열심히 공부했다.

어느 날, 에디슨은 팔에 신문을 가득 끼고 디트로이트로 가는 도중에 있는 플레저역에서 내렸다. 왠지 이날은 여느 때처럼 신문이 팔리지 않아 애가 탔다.

"신문이요, 신문!"

에디슨이 큰 소리로 외치며 플랫폼을 뛰어다니고 있었다.

"딸랑딸랑 딸랑……."

기차가 떠난다는 것을 알리는 종소리가 울렸다. 그래도 에디슨은 신문을 한 장이라도 더 팔려고 걸음을 재촉했다.

"이봐, 차 떠난다. 빨리 타!"

차장이 에디슨을 부르고 있었다. 다음 순간 기적 소리를 한 번 내뱉은 기차는 서서히 움직이더니, 곧 속력을 내기 시작했다.

"기다려! 기다려 줘요!"

그제야 에디슨은 정신없이 쫓아가 겨우 뛰어올랐다.

"위험하다!"

기차가 흔들리는 바람에 간신히 매달렸던 에디슨의 몸이 바닥에 막 떨어지려는 순간 차장이 급히 끌어당겼다.

"이 바보야! 목숨이 아깝지 않아?"

차장이 야단치며 에디슨의 귀를 힘껏 당겼다.

에디슨은 그제야 귀가 심하게 아픈 것을 느꼈다. 그런데 이 일이 있고부터는 왠지 말소리를 잘 들을 수가 없게 되었다. 그러나 에디슨은 그때 위험에서 자신을 구해 준 차장을 평생 잊지 않았다.

'전신 기사가 되면 참 멋있을 텐데.'

이 무렵, 에디슨은 전기에 관해서도 흥미를 느끼고 있었다. 미국에서도 전신을 사용한 지 14~15년밖에 되지 않아 널리 보급되어 있지 않은 때였다.

'멀리 떨어져 있는 친구와 모스 부호*로 서로 이야기를 주고받을 수 있다는 게 사실일까?'

에디슨은 어떻게 해서든지 전신 부호 쓰는 법을 알아내어 놀이를 해야겠다는 생각을 했다. 그래서 곧 친한 친구인 클란시를 만나러 갔다.

"내가 말이야, 전기 수리공 아저씨에게 물어본 건데, 전신으로 신호를 보내는 비밀을 알아냈어."

모스 부호

모스에 의해 발명된 전신 부호. 전신이나 통신에 있어서 전류를 끊고 이어 주는 장단이나 강약의 조합에 의해 문자 형상을 전송하는데 이것을 전신 부호라 한다. 모스는 전신 전송은 숫자에 의해 행하는 것이 적절하다고 생각하고 숫자를 점의 수와 그 간격으로 표현하려고 했다.

A	·—	J	·———	S	···
B	—···	K	—·—	T	—
C	—·—·	L	·—··	U	··—
D	—··	M	——	V	···—
E	·	N	—·	W	·——
F	··—·	O	———	X	—··—
G	——·	P	·——·	Y	—·——
H	····	Q	——·—	Z	——··
I	··	R	·—·	0	—————

모스 부호

"그래? 어떻게 하는 건데?"

"그 전신이라는 것은, 아주 길고 긴 개 꼬리와 같은 것으로, 이쪽 마을에서 그 긴 고리를 잡아당기면 저쪽 마을에서 개가 '멍멍!'하고 짖는대."

"거짓말 마, 그런 법이 어디 있어!"

"그건 그래. 그 아저씨도 웃으시더라. 아무튼 전선을 끌어다 전기를 통해 보자."

"그렇지만 전기를 어떻게 끌어내지?"

실험을 좋아하는 친구 클란시도 눈을 반짝이며 물었다.

"그러니까 말이야. 개 꼬리가 아니라 저기 봐, 저 고양이를 붙잡아 전기를 일으켜 볼까?"

두 소년은 곧 고양이를 붙잡아 실험대 위에 놓았다. 전선을 감고 클란시가 고양이를 붙잡았다. 에디슨은 고무에 유황을 섞어 만든 에보나이트에 전선을 연결하고 막대로 '북북' 고양이 등을 문질렀다. 그러자 고양이는 '야옹야옹'하고 소리를 지르며 에디슨의 손을 할퀴고 달아나 버렸다.

결국 고양이로부터 전기를 일으키려는 실험은 실패하고

말았다.

그러나 얼마 후 두 소년은 진짜 축전지를 만드는 법을 알아냈고 서로 말을 주고받는 데 성공했다.

"그래, 이제 진짜로 멋진 전신기를 만드는 거야."

그날 이후, 두 사람은 더 멋진 전신기를 만들기 위해 골몰했다.

에디슨이 그렇게 전신기 만들기에 열중한 끝에 드디어 진짜와 다름없는 전신기를 만들 수 있었다.

그러나 재료가 부족했기 때문에 손쉽게 구할 수 있는 물건을 썼다.

전봇대 대신 서 있는 나무줄기에 긴 못을 박고, 그 못에다 유리병을 거꾸로 꽂아 전선을 잡아매고 팽팽히 펴 나갔다. 그 전선은 난로의 연통을 매달 때 쓰던 철사였다.

그렇게 전신기의 모형을 만들면 약간 떨어져 있는 클란시의 집과 연결하여 전신 놀이를 할 수 있었다.

처음에는 둘 다 모스 부호를 잘 몰라서, 에디슨 기사가 끙끙거리며 통신을 보내면 클란시 기사는 창문으로 얼굴을 내밀고는 다시 묻곤 했다.

"야, 지금 것은 뭐라고 한 거냐?"

그러나 점점 익숙해지자, 천천히 치면 그대로 알아들을 수 있게 되었고, 오는 회신도 분명히 알아들을 수 있었다.

다만 전신 놀이를 할 시간이 부족했다.

에디슨은 매일 밤 9시 30분에 포트휴런 역에 내리면 곧장 집으로 뛰어왔다. 집에 들어서면 책상 위의 실험대로 달

려가서 클란시와 전신으로 말을 주고받는 데에 정신이 없
었다.

"그렇게 밤늦게까지 전신에만 정신을 쏟고 있으면 몸에
해롭다. 더구나 내일 아침 일찍 나가야 할 텐데 말이야."

어머니가 걱정했지만 에디슨은 전신 놀이를 멈추지 않았
다. 그러자 아버지도 나서서 꾸중했다.

"병이라도 나면 어떻게 할 테냐? 전신기 이리 가져오

너라!"

아버지에게 전신기를 빼앗긴 에디슨은 한동안 전신 놀이를 계속할 방법을 생각하고 있었다.

"이제 겨우 제대로 되어 가고 있는 중인데 큰일 났는걸."

드디어 에디슨의 머리에 좋은 생각이 떠올랐다.

"옳지. 아버지는 날마다 내가 팔다 남은 신문을 가지고 온 것을 즐겨 읽으시지. 됐어! 바로 그거야."

그날 밤, 에디슨은 터져 나오려는 웃음을 참으며 잠자리에 들었다. 다음 날 그는 집에 돌아오자 짐짓 걱정스러운 얼굴로 아버지에게 인사를 했다.

"이제 돌아왔습니다. 아버지! 그런데 오늘은 말이에요. 신문이 다 팔려 한 부도 못 가지고 왔어요."

"그래? 뭐, 할 수 없지."

아버지는 몹시 실망스러운 표정을 지으셨다.

"하지만 클란시의 집에서는 신문을 보고 있을 테니까, 어떤 것이 나와 있는지 전신으로 물어보도록 하죠."

"그러냐? 그럼, 어서 물어보거라."

에디슨이 처음으로 실용 제품화한 주식 전신기

에디슨은 부랴부랴 전신기 앞에 앉아서 '쓰돈, 쓰돈' 하고 전신을 보내기 시작했다. 에디슨은 클란시에게 이미 부탁해 놓았으므로 클란시가 쳐 주는 신문 뉴스를 금방 알아낼 수 있었다.

에디슨은 모스 부호를 곧 글로 바꿔 써서 아버지에게 갖다주었다.

"어, 이게 정말 오늘 뉴스란 말이지?"

다음 날 밤도, 그다음 날 밤도 에디슨은 신문을 갖고 오지 않고 클란시로부터 전신으로 뉴스를 받아 아버지에게 알려 주었다.

나흘째 되던 날, 에디슨은 일부러 신문을 안 가지고 왔다는 사실을 아버지에게 들키고 말았다.

그러나 에디슨이 워낙 전신 놀이에 열중했으므로 아버지도 용서해 주지 않을 수 없었다.

아버지의 허락을 받고부터는 에디슨은 가끔 새벽 2시까지도 자지 않고 전신을 쳤다. 아침 6시에 일어나야 했기 때문에 하루에 네 다섯시간밖에 자지 않고 전신 공부를 했던 것이다.

특허와 특허권

에디슨은 발명왕으로서 발명할 때마다 발명품을 독점적으로 이용할 수 있는 특허를 받았는데 일생 1,300여 건의 특허를 얻어 최고의 발명왕이 되었다.

세계의 많은 나라에서는 발명을 장려하고 발명품을 보호 육성함으로써 기술의 진보와 발전을 도모하고 국가 산업의 발전에 기여하기 위해서 이 특허 제도를 시행하고 있다.

특허의 사전적 의미는 특허를 관리하는 국가 관청이 발명자 또는 그 승계인에게 특허권을 설정해 주는 행위를 말한다. 이런 특허 제도가 발생한 역사를 보면 고대 그리스 도시 국가에 원시적인 특허 제도가 이미 있었다고 한다. 그러나 근대적인 특허 제도가 처음으로 확립된 나라는 영국이다.

원래 영국에서는 왕실에서 특허료를 받기 위해서 특허장을 부여해 왕실 재정을 조달하였다. 그러다가 영국 의회에서 전매조례라는 법률을 제정함으로써 특허 제도가 자리를 잡았다.

이 특허 제도는 곧 유럽의 여러 나라와 미국 등으로 확산하였는데 우리나라에 특허 제도가 도입된 시기는 1908년이다. 이러한 특허를 받기 위해서는 발명품에 대해 심사를 하는 특허청에 발명 특허를 신청해야 한다.

특허를 받을 수 있는 발명품이란 어떤 것을 말할까? 발명품은 지금까지 없던 새로운 것이어야 한다. 또 이미 있는 발명품과는 특이하게 비교될 수 있는 높은 기술 수준을 유지해야 특허를 받을 수 있는 것이다. 이런 조건을 갖추면 발명 특허 원서에 발명자, 발명 특허, 발명의 내용을 분명히 밝혀 적는다. 그리고 특허 청구의 범위를 적은 명세서와 도면을 함께 제출한다. 이렇게 청구한 특허는 심사를 거쳐 특허권을 받게 되는 것이다.

그렇다고 무슨 물건이든 모두 특허를 받을 수 있느냐 하면 그렇지는 않다. 특허를 받을 수 있는 것과 그렇지 못한 것이 있다. 즉 원자핵 변환 방법으로 만들어질 수 있는 물질이나 공공의 질서와 풍속을 문란하게 하거나 공중의 위생을 해할 염려가 있는

것 등은 특허를 받을 수 없다.

특허를 받으면 특허권이 부여되는데 특허권이란 그 물건을 생산하고 사용하며, 판매 및 수익에 대해서 독점할 권리를 가지는 것을 말한다. 이 특허권을 가진 사람은 그 권리를 다른 사람에게 양도할 수도 있고, 다른 사람이 사용할 수 있도록 허락할 권리도 가진다.

다만, 특허권을 가진 사람은 국내에서 성실하게 발명을 실시할 의무를 지닌다. 즉 특허권자는 특허권 설정 후 3년 이상을 국내에서 그 특허 발명을 실시해야 하는데 그렇지 못할 경우에는 특허청장이 이해 관계인의 신청에 따라 권리를 다른 사람에게 사용하도록 할 수 있다. 이 특허권을 가지는 기간은 특허권 설정 등록일로부터 특허를 낸 후 20년이 되는 날까지이다.

소문난 신문 발행인

에디슨이 열차에서 신문 파는 일을 시작한 지 3년째 되
던 해인 1861년 4월, 미국에서 남북 전쟁*이 벌어졌다.

때마침 링컨이 대통령에 당선되었고, 미국의 남부와 북
부는 흑인 노예 제도를 둘러싸고 팽팽하게 맞서다 마침내
전쟁까지 벌인 것이었다.

전쟁은 치열했다. 북부에서도 남부에서도 건장한 남자들
은 모두가 총을 메고 전쟁터로 나갔다.

이때 에디슨은 열네 살이었다.

에디슨이 파는 신문은 순식간에 동이 났다. 그런데 소식이 늦을 때도 종종 있었다.

에디슨은 사람들에게 뉴스를 빨리 알릴 수 있는 좋은 방법이 없을까 하고 궁리했다.

'그래! 그렇게 해 보는 거야.'

에디슨은 자신이 신문을 만들어 보고 싶은 마음이 생겼다. 자기 스스로 기사도 쓰고, 자기가 인쇄한 신문을 혼자서 팔아 보고 싶기도 했다. 마음속으로 한번 작정을 하면 하지 않고는 못 견디는 에디슨은 어느 날 디트로이트시의 한 고물상에서 낡은 인쇄기를 발견했다.

'그렇지, 이걸 사서 내 손으로 신문을 만들어 보자.'

에디슨은 고물상 주인에게 다가가 흥정했다.

남북 전쟁

1861~1865년 사이에 미국의 남부와 북부가 충돌한 내전. 공업 지대인 북부와 노예를 기반으로 농업을 주로 하던 남부의 대립이었는데, 결국 북부의 승리로 끝났다. 그 결과 흑인 노예들이 해방되었다.

남북 전쟁 당시 게티즈버그 전투 장면

"이 인쇄기 얼마지요?"

"12달러!"

에디슨은 그동안 차곡차곡 모아 둔 돈으로 그것을 사기로 마음먹었다.

"이 인쇄기는 디트로이트의 큰 호텔에서 메뉴를 만드는 데 쓰던 것이야."

고물상 주인이 어깨를 으쓱거리며 인쇄기에 대해 자랑했다. 에디슨은 인쇄기를 사자, 곧바로 디트로이트 신문사에서 편집 일을 하고 있는 스트레 씨를 만나러 갔다. 스트레 씨는 평소에 에디슨을 몹시 귀여워해 주던 사람이었다.

"스트레 선생님, 부탁이 있습니다."

"무슨 일인데 이렇게 야단이냐?"

에디슨은 인쇄기를 산 이야기를 했다.

그리고 신문을 만들겠다는 이야기도 털어놓았다.

"그래, 그것참 좋은 생각이다. 그런데 신문 이름은 정했니?"

"네,《위클리 헤럴드》라고 할 거예요."

다음 날, 열차의 화물칸 안에 인쇄기를 설치한 에디슨은

《위클리 헤럴드》 신문을 만들기 시작했다. 에디슨은 신문 기사를 모으고 그것을 기사로 써서 활자로 판을 짜고 인쇄를 하여 파는 일, 즉 신문 기자에서부터 편집자*, 거기에 인쇄공, 판매원의 일까지 혼자 몸으로 다 해냈다.

'디트로이트 신문사는 큰 뉴스를 알리고, 내 《위클리 헤럴드》는 토막 뉴스를 실으니 둘 다 잘될 거야.'

《위클리 헤럴드》 신문은 1주일에 한 번씩 내기로 했다.

가격은 1부에 3센트, 한 달 정기 구독료는 8센트로 했다.

그러나 혼자서 내는 신문이라 멀리서 일어난 사건이나 전쟁 뉴스 등은 싣고 싶어도 실을 수가 없는 것이 조금은 아쉬웠다. 당시 에디슨이 발행한 신문은 1862년 2월 3일자 1부가 에디슨 집안의 가보로 아직도 간직되고 있다.

편집자

출판, 신문, 방송, 통신, 영화 등 저널리즘 분야에서 기획을 하고 자료나 원고를 수집, 정리하여 구성하는 사람이다. 신문에서는 넓은 의미로 취재와 통신까지 포함하나 좁은 의미로는 정리와 교정 등 취재 부문 외의 활동을 하는 사람을 말한다.

일본의 대표적인 신문사인 마이니치 신문사

그 신문에는 다음과 같은 기사들이 실려 있다.

그랜드 트랭크 철도의 각 역과 연락되는 합승 마차의 요금, 열차의 개정 시간표, 버터 • 달걀과 같은 식료품의 가격, 기차 안에서 분실된 물건, 호텔 광고, 출생이나 사망 통지 등에 관한 내용이었다. 또 이런 기사도 있었다.

'유티카역에는 매우 부지런한 사람들이 있어서 아무리 눈보라가 치더라도 이 역의 플랫폼은 언제나 말끔히 청소되어 있다.'

'유티카역은 손님에게 무척 친절하다.'

'그랜드 트랭크 철도 회사에서는 기관차의 연료를 가장 많이 절약한 기관사에게 상을 주기로 했다.'

이러한 철도 교통에 관한 이야깃거리가 실려 있는가 하면, '이 신문을 애독하시는 분들의 이름을 싣습니다.'라고 하는 기사도 실려 있었다.

이렇듯 《위클리 헤럴드》에서는 큰 신문에서는 취급하지 않는 짧은 뉴스를 자세하고 재미있게 실었다.

에디슨은 《위클리 헤럴드》를 처음엔 1백 부만 찍었다.

"한 부에 3센트입니다. 한 달 구독료는 할인하여 8센트
죠. 한부에 3센트밖에 안 됩니다."

신문이 발행되자, 많은 사람들이 에디슨을 칭찬했다.

"정말 대단하군. 언젠간 꼭 성공할 수 있을 거야."

"정말 좋은 신문이야. 이렇게 도움이 된다니……."

신문은 처음의 1백 부에서 4백 부로, 다시 8백 부로 점차
부수를 늘려 찍게 되었다.

어느 날, 그랜드 트랭크 철도 회사의 기차를 타고 가던
로버트 스티븐슨이라는 영국 신사가 《위클리 헤럴드》 한
부를 샀다.

"정말 재미있고, 독특한 신문이야."

신문을 다 읽고 난 영국 신사가 웃으며 옆사람에게 말
했다.

"도대체 누가 이런 재미있고 특이한 신문을 만들 생각을
했을까요?"

"에디슨이랍니다. 열차에서 신문을 팔고 있는 소년인데,

기사를 모으는 일에서부터 파는 일까지 모두 혼자서 한다니 놀랍지 않습니까?"

"허!" 영국 신사는 감탄하여 에디슨을 찾아왔다.

"네가 이 신문을 만들었다고?"

신문을 손에 들고 온 신사는 상기된 얼굴로 에디슨을 뚫어져라 쳐다보며 물었다.

"네, 제가 매주 내는 신문입니다."

그러자 신사는 눈을 껌벅이며 한동안 무엇인가 골똘히 생각하더니 말했다.

"이 신문을 1천 부만 만들어 주지 않겠니?"

"네? 1천 부씩이나요?"

"그래. 나는 세계에서 오직 하나뿐인, 달리는 기차 안에서 만들어진 신문을, 그것도 소년 혼자 만드는 이 놀라운 신문을 영국에 소개하고 싶구나."

에디슨은 기쁜 마음으로 부지런히 신문을 찍어 냈다.

며칠 뒤, 당시 세계 최고의 신문인 《런던 타임스》에 에디슨의 《위클리 헤럴드》에 관한 기사가 크게 실렸다.

에디슨에게 1천 부나 되는 많은 신문을 사서 돌아간 영국 신사가 런던의 여러 사람들에게 에디슨과 에디슨이 만든 신문을 알린 것이다.

그러자 《위클리 헤럴드》는 더욱더 잘 팔려 나갔다.

에디슨은 신문을 만들어 팔면서도 변함없이 과학 실험을 계속하고 있었다.

"신문도 잘 팔리고, 연구도 뜻한 대로 잘되어 가고 있으니, 정말이지 요즘 같으면 더 바랄 것이 없겠어."

에디슨에게 기쁜 날들이 계속되었다.

그러던 어느 날, 뜻하지 않게 큰 사건이 일어났다.

화물칸 실험실에서 한참 신문 인쇄를 하고 있을 때였다.

전속력을 내어 달리던 기차가 갑자기 '덜커덩!'하고 크게 흔들렸다.

순간, 선반 위에 있던 약품 병이 마룻바닥으로 굴러떨어져 깨져 버렸다.

약품은 순식간에 불타오르기 시작하여, 주위는 눈 깜짝할 사이에 불바다가 되어 버렸다.

'큰일 났는걸. 어서 불을 꺼야지.'

그때 차장이 물통을 가지고 달려와 간신히 불을 껐다. 조금만 더 늦었다면 에디슨의 목숨까지도 잃을 뻔했다.

"도대체 무슨 짓을 한 거냐? 조금만 늦었어도 기차를 몽땅 태울 뻔했잖아! 모조리 태웠으면, 어떻게 되는지 알기나 해? 모두 내 책임으로 돌아간다고…… 이 바보 같은 녀석아!"

"아저씨 죄송해요. 다시는……."

"시끄럽다. 너 같은 위험한 녀석을 이곳에 둘 수는 없다. 도대체 기차 안에서 실험이다 신문이다 쓸데없는 짓만 하더니…… 당장 내려라!"

화가 날 대로 난 차장은 다음 역에 닿자마자, 인쇄기며 실험 도구, 약병들을 모조리 창밖으로 내던져 버렸다.

에디슨은 멀리 사라지는 기차를 한참 동안 바라보며 손등으로 흐르는 눈물을 닦았다.

잠시 후, 에디슨은 철로 가에 흩어져 있는 기계와 실험 도구 등을 주섬주섬 주워 모았다.

1862년 8월, 어느 날 아침이었다.

에디슨은 마운트 클레멘스 역의 플랫폼에서 역장인 매켄지 씨와 이야기를 나누고 있었다.

이 클레멘스 역에서는 화물을 싣고 내리거나, 화물칸을 바꾸어 달기 위하여 기차가 오랜 시간 서 있는 일이 자주 있었다.

"지미, 위험하다. 철길 가까이에 가면 안 돼!"

매켄지 역장은 철길 근처에서 놀고 있는 세 살 난 아들 지미에게 주의를 주고 에디슨과 계속해서 이야기를 나누었다.

이야기를 나누고 있던 에디슨이 문득 철길 쪽을 보았을 때였다. 화물차 하나가 빠른 속도로 철길 위를 미끄러져 들어오고 있었다. 그것도 아랑곳하지 않고 어린 지미가 아장아장 철길 쪽으로 걸어가고 있는 것이 아닌가.

'앗, 위험하다!'

에디슨은 자기도 모르게 재빨리 철길로 뛰어갔다. 그리고 조그마한 지미를 낚아채듯 감싸안았다.

"우르릉! 휙!"

화물차는 우렁찬 소리를 내며 에디슨을 밀쳐 버리듯 빠르게 지나갔다.

"앗!"

순간, 플랫폼에 서서 이 모습을 지켜보던 역장과 역무원들은 생각할 겨를도 없이 비명을 질렀다.

지미를 꼭 껴안은 에디슨은 한참 동안 철로 가에 죽은 듯이 쓰러져 있었다.

"오, 지미!"

얼굴이 새파랗게 질린 역장이 달려왔다.

"으앙!"

놀란 지미가 울음을 터뜨렸다.

에디슨은 얼굴과 손에 살갗이 벗겨져 피가 흐르고 있었다. 그러나 어린 지미는 상처 하나 없이 말짱했다.

모두 무사한 것을 본 역무원들이 안도의 숨을 쉬며 말했다.

"정말 큰일 날 뻔했어."

"에디슨이 아니었더라면 지미는 결코 살아날 수 없었을 거야."

"1초만 늦었더라도…… 생각만 해도 정말 끔찍한 일이지!"

매켄지 역장이 다가와 에디슨의 손을 꼭 움켜잡았다.

"정말 고맙네. 자네가 아니었으면 큰일 날 뻔했어!"

매켄지 역장은 눈물을 글썽이며, 몇 번이고 감사의 말을 전했다.

"내 아무리 가난하지만, 아들의 목숨을 구해 준 은인에게 가만히 있을 수는 없지. 무엇으로 보답하면 좋을까?"

매켄지 역장은 문득 에디슨이 전신 기사가 되고 싶어 하던 일을 생각해 냈다.

"에디슨 군, 자네가 원한다면 내 아들을 구해 준 보답으로 전신 기술을 가르쳐 주고 싶은데 어떤가?"

"네? 정말입니까?"

에디슨은 춤이라도 추고 싶을 만큼 매우 기뻤다.

"물론이지. 자네라면 금방 배울 수 있을 거야. 내 정식으로 가르쳐 주겠네."

에디슨은 그동안 혼자서 전신기 모양을 만들기도 하고, 모스 부호를 외워 친구와 간단히 통신 놀이를 해 보았다. 그러나 정식으로 선생님에게 배울 기회를 얻지는 못했다.

"가… 감사합니다. 매켄지 역장님."

에디슨은 새로운 기회를 얻게 된 것이 무엇보다 기뻤다.

이리하여 에디슨은 다음 날부터 매켄지 역장에게 전신 기술을 배우게 되었다.

'에디슨은 정말 열성이 대단해. 잠시도 쉬지 않고 어쩌면 저렇게 열심일까!'

석 달 후, 에디슨은 누구에게도 뒤지지 않을 만큼 훌륭한 전신 기술자가 되어 있었다.

"이렇게 빨리 배우다니, 더 이상 가르칠 게 없네!"

매켄지 역장은 감탄했다.

얼마 후, 에디슨은 포트휴런에다 전신국을 열었다.

그런데 이곳에는 에디슨의 전신국 외에도 다른 전신국이 있었으므로 운영이 잘 되는 편은 아니었다.

일이 많지 않았던 에디슨은 전신국 안에 실험실을 차려

놓고 틈틈이 화학 실험을 했다.

그러던 어느 날 매켄지 역장이 찾아왔다.

"캐나다의 스트래트퍼드 역에서 전신 기사를 구한다는 얘기를 들었네. 어때, 이곳을 정리하고 가 보지 않겠나? 수입도 이곳보다는 나을 텐데……."

당시 미국은 남북 전쟁이 계속되어, 전신 기사인 어른들이 모두 전쟁터로 나갔다. 그렇기 때문에 열여섯 살밖에 안 된 어린 에디슨이지만 좋은 대우를 받고 캐나다에 취직할 수 있었다.

에디슨은 매켄지 역장의 추천으로 스트래트퍼드 역의 전신 담당 기사가 되었다.

근무 시간은 저녁 7시에서 다음 날 아침 7시까지로 주로 밤에 일을 하게 되었다.

'밤에 일을 하여 피곤하다고 해서 낮에 잠만 잘 수는 없지.'

에디슨은 자신을 격려하며, 낮에도 자지 않고 여러 가지 실험과 연구를 열심히 했다. 그러다 보니 밤이면 졸음이 와서 견딜 수가 없었다.

밤에는 역을 통과하는 기차가 적어 일이 한가했기 때문에 에디슨뿐만 아니라 다른 역의 전신 담당들도 이따금 졸곤 했다.

그래서인지 매시간 '6'이라는 신호를 보내도록 해 졸지 못하게 했다.

'이렇게 졸다가는 안 되겠어. 무슨 좋은 방법이 없을까?'

궁리 끝에 에디슨은 시계에 전신기를 연결하여, 매시간 자동으로 신호를 보내는 장치를 만들었다.

'이젠 안심하고 잠을 잘 수 있겠군.'

에디슨은 매일 밤 거의 1초도 틀리지 않고 신호를 보냈다.

그러던 어느 날 밤이었다. 스트래트퍼드 역 감독관은 급한 일이 생겨서 에디슨을 호출했다.

그러나 아무리 불러도 대답이 없었다.

"이상하다. 지금 막 신호를 보내왔는데 무슨 사고가 생긴 게 아닐까?"

감독관은 서둘러 에디슨이 근무하는 역으로 직접 가 보았다.

에디슨은 의자 두 개를 나란히 붙여 놓고, 그 위에 드러누워서 곤히 자는 게 아닌가?

"에디슨, 이런 장치를 해 놓고 매일 밤 잠만 자고 있었다니, 자넨 당장 파면이야."

에디슨은 보기 좋게 파면당하고 말았다.

미국으로 돌아온 에디슨은 수년간 여기저기 직장을 옮겨 다니며 전신 기사로 일했다.

4년에 걸친 남북 전쟁이 끝난 지 얼마 안 되어 에디슨이 보스턴의 웨스턴 유니언 회사로 자리를 옮겼을 때의 일이다.

이 회사의 선배들이 새로 들어온 에디슨을 골리기로 했다.

"이봐, 에디슨. 뉴욕에서 중요한 통신이 올 텐데 좀 받아 주게."

이때, 이들은 에디슨을 난처하게 만들기 위해 미리 뉴욕의 전신 기사와 단단히 약속해 놓았다.

"처음에는 보통 속도로 보내다가 갑자기 빠른 속도로 보내는 거야. 그리고……."

뉴욕의 전신 기사는 미국에서도 가장 빠르게 전신을 쳐서 스피드 왕이라는 별명까지 붙은 사람이었다.

그런 줄도 모르고 보통 전신을 받을 때처럼 느긋하게 나가던 에디슨은 갑자기 속도가 빨라지자 깜짝 놀랐다.

'아니, 왜 갑자기 속도가 빨라지지?'

그러다가 이번에는 능숙한 전신 기사들만이 쓰는 전문 용어들을 보내왔다.

에디슨은 처음에는 조금 당황했지만 침착하게 전신을 받아 썼다.

스피드 왕은 쉴 틈 없이 계속해서 전신을 보내왔다.

'이번엔 신문 뉴스로군. 이거라면 내가 더 선배지…….'

에디슨은 빙그레 미소까지 띠며 전신을 모두 옮겼다.

"야, 굉장하군! 이제 보니 보통내기가 아닌걸. 정말 놀라운 솜씨잖아?"

하나도 놓치지 않고 빠르게 받아 적는 에디슨의 모습을 지켜보던 선배들은 눈이 휘둥그레지며 감탄했다.

통신이 모두 끝나자, 에디슨은 스피드 왕에게 전문을 보냈다.

"정말 수고하셨습니다."

이처럼 에디슨의 전신 기사로서의 솜씨는 매우 훌륭했다. 그러나 어디를 가나 자기의 연구에 지나치게 열중하는 바람에 결국 직장 일을 소홀히 하게 되었다.

에디슨의 방은 언제나 약품이나 기계들로 가득 차 있었다.

그의 머릿속에는 언제나 '왜?'라는 의문이 떠나지 않았다. 그리고 그 의문이 풀릴 때까지 몇 번이고 실험에 실험을 거듭했다.

이러한 그의 노력이 드디어 열매를 맺기 시작했다.

미국의 남북전쟁(1861~1865)

원인

남북 전쟁의 직접적인 원인은 새로 미연방에 편입된 서부 주들에서 노예제를 채택하느냐 하지 않느냐의 문제였다.

남북 전쟁의 원인으로는 정치적, 경제적, 사회적 요인들을 들 수 있다.

첫째, 정치적 원인으로 연방주의와 남북 분리주의의 갈등을 들 수 있다. 1840년대 말 미국은 알래스카를 제외한 현재 미국의 영토를 확보하게 되었다. 그러나 노예제에 대한 의견이 일치하지 않은 상태에서 새로운 영토의 획득은 국론의 분열을 야기시켜 남과 북에 첨예한 의견 대립이 일어났다.

둘째, 경제적 원인으로 자유 무역론과 보호 무역론의 갈등을 들 수 있다. 면화 재배가 중심인 농업적인 남부는 노예제에 대한 의존도가 높았고 원료 생산의 입장에서 자유무역을 지지하였으며, 산업적인 북부는 성장하는 상공업을 위해서는 보호관세가 필요함으로써 대립하는 양상을 보였다.

셋째, 사회적 원인으로 노예제 찬반에 대한 갈등을 들 수 있

다. 먼저 미국의 북부와 남부는 식민지 건설 때부터 종교·경제를 달리하고 있었다. 북부는 건설 단계에서 서유럽 및 북유럽의 이민을 받아들여 혼합 인종의 새로운 미국 민족을 형성하였으나, 남부는 여전히 보수적이며 영국의 전통을 고수하고 있었다. 이러한 민족적 차이로 노예제에 관한 남북 간 사상의 차이도 발생하였다.

발발과 경과

1860년의 대통령 선거에서 노예제에 반대하는 링컨이 대통령에 당선되자 이에 반발한 남부의 7개 주(뒤에 4개 주 추가)는 1861년 연방으로부터 분리 독립하여 버지니아의 리치먼드를 수도로 하는 '아메리카 연합'을 조직하였다. 같은 해 4월 남부가 섬터 요새를 공격함으로써 남북 전쟁이 시작되었다.

남북 전쟁의 진행은 1863년 링컨의 노예 해방령 선포를 기점으로 남부에 불리해졌다. 이는 국내적으로는 남부인들에게 노예 반란의 위기감을 가중하고, 흑인 노예들의 북부 이탈을 가속화했다. 국제적으로는 전쟁의 원인이 남부의 부도덕한 노예제 때

문임을 드러냄으로써 유럽의 노예제 반대론자들의 지지를 확보하게 되어 남부를 고립시키는 결과를 가져왔다. 결국 남북 전쟁은 1865년 리치먼드 전투를 마지막으로 남부의 항복을 받음으로써 종결되었다.

결과

남북 모두가 입은 인명 피해는 막대하여 전사자가 61만여 명에 이른다. 패배한 남부는 황폐해지고, 1863년 1월 1일 발표된 노예해방 선언으로 남부의 전통적 경제 구조는 근본적으

게티즈버그 전투 장면 그림

로 무너졌으며, 공업 면에서 앞선 북부의 식민지적 입장에 놓이게 되었다. 한편, 미국의 자본주의는 남북 전쟁을 계기로 급속한 발전을 이룩하였다.

발명왕을 향하여

1868년, 에디슨은 첫 발명품이라 할 수 있는 새로운 기계를 하나 발명했다.

"이것은 국회 의사당 같은 곳에서 쓰는 투표 기록기입니다. 책상 앞에 가만히 앉아서 '찬성'이나 '반대'라고 표시된 단추를 누르기만 하면 저절로 계산됩니다."

에디슨은 이 투표 기록기를 국회 의사당에 팔려고 하였으나 의원들은 모두 반대했다.

"자, 어떻습니까?"

"글쎄요. 당신이 만든 기계는 매우 뛰어나지만, 투표란 개인의 의사를 존중하는 것이기 때문에 이 기계는 필요 없습니다."

에디슨은 다시 기계를 들고 매사추세츠주 의회에 찾아갔다.

그러나 그곳에서도 역시 국회 의사당에서와 같은 대답을 들었다.

이때부터 에디슨은 좀 더 실용적인 발명품을 만들기로 마음먹었다.

얼마 후 에디슨은 전신으로 주식 시세를 알려 주는 '주식 시세 통보기'를 발명했다.

이것을 보고 평소에도 에디슨의 재능을 아끼고 있던 웨스턴 유니언 회사의 지배인이 감탄하며 말했다.

"정말 훌륭하군. 자네 같은 사람이 이곳에 있기에는 그 재능이 너무도 아까워. 대도시인 뉴욕으로 가게. 그곳에 가면 자네의 능력을 충분히 발휘할 수 있을 거야."

에디슨은 곧 뉴욕으로 떠날 준비를 했다.

에디슨은 웨스턴 유니언 전신국에 사표를 내고, 그동안 발명을 하기 위해 빌려 썼던 돈을 모두 갚았다.

'이젠 대도시인 뉴욕으로 가는 거야. 그래서 훌륭한 발명가가 되는 거야.'

뉴욕에 도착한 스물두 살의 청년 에디슨은 일자리를 부탁하기 위해 전신국에서 일하고 있는 옛 친구를 찾아갔다.

친구는 에디슨을 반갑게 맞아 주었다. 그러나 안타깝게도 그 전신국에는 마땅한 일자리가 없었다.

"일자리를 구하려면 아무래도 시간이 좀 걸릴 것 같으니, 불편하더라도 당분간은 이곳에서 지내는 게 좋겠어."

그곳은 날마다 바뀌는 금값을 금을 거래하는 상인들에게 알려 주는 금 시세 통보 회사의 기계실이었다.

에디슨이 기계실에 묵은 지 며칠이 지난 어느 날 행운의 사고가 일어났다.

"이거 야단났는걸. 기계가 아주 망가져 버렸나 봐."

"빨리 고치지 않으면 큰 손해를 볼 텐데. 정말 큰 일이군!"

갑자기 금 시세 통보기가 고장이 난 것이다. 담당 직원은 말할 것도 없고, 사장까지 달려왔지만 아무도 고장 난 곳을 찾을 수가 없었다.

"저, 제가 한번 고쳐 볼까요?"

에디슨은 통보기에 가까이 다가가 기계 부속들을 하나씩 점검해 나갔다.

잠시 후, 에디슨은 기계의 고장 난 곳을 발견했다.

"어때, 고칠 수 있겠나? 빨리 좀 고쳐 주게!"

수리를 시작한 지 두 시간이 채 안 되어 통보기는 다시 정상적으로 움직였다.

"정말 대단한 기술이군. 이제부터는 자네가 이 회사의 모든 기계를 맡아 주게."

그리하여 에디슨은 좋은 일자리를 얻게 되었다. 월급도 전신 기사의 두 배가 넘는 300달러나 되었다.

만족스러운 직장을 구한 에디슨은 온갖 정성을 다하여

열심히 일했다.

에디슨은 이곳의 기계 설비들을 좀 더 편리하게 이용하기 위해 연구와 실험을 계속했다.

결국 뉴욕에 온 지 1년 사이에 전신기의 여러 가지 장치를 일곱 가지나 발명하게 되었다.

특히, 금 시세 통보기를 개량한 금 시세 인쇄기와 만능 인쇄기인 유니버설 프린터는 몇 번이고 고치고 또 고쳤다. 어느 날, 사장이 에디슨을 불렀다.

"에디슨, 이번에 발명한 기계는 참으로 훌륭하더군. 그 기계의 권리를 우리 회사에 팔면 어떻겠나?"

사장은 에디슨의 얼굴이 뚫어져라 바라보며 그의 대답을 기다렸다.

'그동안의 고생을 생각하면 적어도 5천 달러 정도는 받아야 할 텐데 사장님이 너무 비싸다고 할지도 몰라.'

에디슨은 뭐라고 대답해야 좋을지 몰라서 머뭇거렸다.

"4만 달러면 어떤가?"

에디슨은 너무 놀라 심장이 멎는 듯했지만, 마음을 가라

앉히고 대답했다.

"네, 좋습니다."

3일 뒤 계약을 마친 에디슨은 곧 수표를 들고 은행으로 달려갔다.

은행의 지급 창구 앞에는 지폐 뭉치가 산더미같이 쌓였다.

"에디슨 손님! 1달러짜리로 4만 달러입니다."

"이 돈이 다 내 것이라고? 믿어지지 않는군."

4만 달러라는 큰돈을 손에 쥔 에디슨의 머릿속에는 오직 연구와 실험을 위한 기구나 약품, 기계에 관한 생각뿐이었다.

그는 그 돈으로 뉴저지주에 조그마한 공장을 차렸다.

에디슨은 그 공장에서 인쇄 전신기, 에디슨식 전기 팬, 등사판 등 자기가 발명한 새로운 기계들을 생산해 내었다.

공장은 점점 번창하여 뉴욕으로 자리를 옮겼다.

에디슨은 공장 안에 연구소와 실험실을 함께 두었다. 종업원도 처음의 50명에서 250명 정도로 늘었다.

"자, 이제 이것도 완성이다."

이 무렵, 에디슨의 공장에서는 무려 마흔다섯 가지나 되는 전신에 관한 발명을 동시에 진행하고 있었다.

에디슨은 열심히 일했다. 공장으로, 연구소로, 실험실로 넓은 공장 안을 뛰어다니며 밤늦게까지 일했다.

"에디슨의 시계에도 바늘이 있을까?"

하루에 잠이라고는 30분씩 서너 차례 잘 뿐인 에디슨을 보고 사람들은 이런 말을 하며 놀라워했다.

"저 뉴욕의 젊은이는 이곳으로 오는 길이 뜨거워질 만큼 많이 다녀가고 있다."

특허국 사람들은 에디슨을 보고 이렇게 말하면서 침이 마르도록 칭찬했다. 이때 에디슨은 키 하나만 누르면 간단히 글자가 인쇄되는 타이프라이터를 만들기도 했다.

그러던 어느 날, 에디슨에게 슬픈 소식이 날아들었다.

장난꾸러기였던 에디슨을 항상 따뜻하게 보살펴 주고 이

끌어 주신 어머니가 위독하다는 것이었다.

'아, 잘못을 저질렀을 때에도 언제나 칭찬을 해 주시던 어머니. 어머니가 안 계셨더라면 아마도 나는 바보 취급을 받으며 살았을 거야.'

1871년 에디슨의 나이 스물네 살 때 어머니는 사랑하는 막내아들의 곁을 영원히 떠났다.

에디슨은 하늘이 무너지는 듯한 슬픔에 목 놓아 울었다.

장례를 치르고 공장으로 돌아온 에디슨은 어머니를 잃은 슬픔을 잊으려는 듯 더욱더 열심히 연구에 몰두했다.

그로부터 2년 뒤, 에디슨은 곁에서 연구를 도와주던 메리 스틸엘이라는 아가씨와 결혼했다. 에디슨에게 새로운 행복이 시작된 것이다.

1876년, 에디슨은 먼로파크라는 곳에 새 연구소를 세웠다.

뉴욕의 공장이 번창하여 너무 비좁기도 했지만 보다 더 발명에 열중하기 위해서였다.

'열흘에 하나씩은 새로운 발명을 해야겠어.'

에디슨은 이러한 굳은 결심으로 차례차례 새로운 기계를

에디슨이 먼로파크에 세운 연구 실험실 내부 모습

발명해 냈고, 지금까지의 기계를 보다 편리하고 사용하기 좋도록 새롭게 바꾸고 고쳤다.

"실험할 때는 아무리 작은 것이라도 잘 살펴봐야 해."

어느 날, 에디슨은 전신의 모스 부호를 기록하는 기계의 실험을 하고 있었다.

전신기에 연결해 두면 모스 부호가 톱니 모양의 긴 선, 짧은 선으로 원반에 새겨져서, 뒤에 그 원반을 돌리면 '쓰돈, 쓰쓰돈, 돈쓰'라는 소리가 들리는 장치였다.

그런데 갑자기 기계의 상태가 이상해져서, 원반이 제멋대로 빨리 돌기 시작했다.

'사람의 목소리를 닮았네. 옳지, 이 방법으로 연구를 잘한다면 어쩌면 말하는 기계를 발명해 낼 수 있을지도 몰라.'

연구를 시작한 지 3주일이 지난 어느 날, 에디슨은 기계를 잘 만드는 클루시라는 기사를 불러서 도면 한 장을 내밀었다.

"금방 될 수 있겠지. 빨리 이것을 만들어 주게."

"네, 그런데 도대체 이것이 뭡니까?"

에디슨이 빙그레 웃으며 대답했다.

"말하는 기계라네."

"예에? 말하는 기계요?"

"왜? 농담하는 것 같나?"

"아… 아닙니다. 하겠습니다."

"수고하게."

하여튼 클루시는 곧 도면대로 기계를 만들기 시작하여 며칠 후 완성했다.

"정말 수고했네, 클루시! 기계가 완성되었으니 모두 오라고 하게."

사람들이 기계 주위로 모여들었다.

"자, 이제 실험해 볼까?"

에디슨은 기계의 손잡이를 빙글빙글 돌리면서 갑자기 노래를 부르기 시작했다.

가락도 제대로 맞지 않는 노랫소리에 '킥킥' 웃는 사람도 있었다. 노래를 마친 에디슨은 그런 것엔 아랑곳하지 않고, 나팔을 떼어 내고 손잡이를 거꾸로 돌려 다시 하나의 나팔을 매달았다.

"자, 이제 기계가 노래할 차례야."

에디슨이 조용히 손잡이를 돌렸다.

그러자 이게 웬일인가! 아까 에디슨이 불렀던 노래와 똑같은 목소리로 기계가 노래하는 것이었다.

"아니, 이럴 수가."

"이건, 정말 대단한 발명이다!"

사람들은 모두 이 놀라운 기계에 넋을 잃었다.

이윽고 에디슨이 말하는 기계를 발명했다는 소식을 듣고 많은 신문 기자들이 취재하러 왔다.

"놀랄 만한 대발명! 기계가 말을 하다!"

"마술사 에디슨! 말하는 기계를 발명하다."

모든 신문에서 이 뉴스를 대대적으로 보도하자, 온 세계는 깜짝 놀라 들썩거렸다.

이 말하는 기계를 구경하기 위해 구름같이 몰려들었다.

에디슨은 이에 만족하지 않고 계속하여 연구했다. 그 결과 마침내 완전한 축음기*를 완성시켰다.

이때 에디슨의 나이 서른 살이었다.

축음기

에디슨은 탄소 송화기의 연구와 자동 전신기의 실험에서 힌트를 얻어 축음기를 발명해 냈다. 주석박을 원통에 붙이고, 여기에 소리의 진동을 새긴 뒤, 거기에 바늘을 대어 소리를 재생하는 축음기를 발명한 것이다. 그는 원통 모양의 레코드로부터 원판 레코드가 되기까지, 축음기의 발명 개량으로 얻은 특허 100여 가지를 남겼다.

에디슨이 만든 축음기

제1차 세계대전(1914~1918)

배경과 발발

제1, 2차 발칸 전쟁을 통해 오스트리아와 세르비아 간의 긴장이 높아지던 중 1914년 6월 28일 세르비아의 한 민족주의자가 보스니아의 수도 사라예보를 방문한 오스트리아의 황태자 부처를 암살하는 사건이 일어났다. 전쟁을 막기 위한 유럽의 노력에도 불구하고 오스트리아가 세르비아에 선전 포고를 하였다. 그러자 세르비아를 지원하였던 러시아는 오스트리아와 독일에 대항해 동원령을 내렸으며, 독일은 러시아에 대해 전쟁을 선포하고 프랑스와 벨기에를 공격함으로써 제1차 세계 대전이 시작되었다.

과정

독일은 짧은 시간 내에 전쟁이 끝날 것이라는 예상을 했지만 마른 전투에서 패배하면서 전쟁은 장기화 하였다. 전쟁이 진행되면서 주변 국가들이 이해관계에 따라 참전하였다. 투르크가

동맹국에 가담하였으며, 동맹국이었던 이탈리아는 오스트리아와 이해관계가 대립하여 연합국(협상국)에 가담하였다.

또한 아프리카와 인도 등 유럽 열강의 식민 국민들도 전쟁에 동원되었다.

독일이 제해권을 장악하기 위해 무제한 잠수함 공격을 가하자, 미국이 참전하게 되었다. 그러나 1917년 러시아 혁명이 일어나 러시아가 독일과 단독 강화조약을 맺고 전선에서 이탈하였으며, 1918년 오스만 제국이 동맹국에서 탈퇴하였다. 특히 러시아 혁명은 오스트리아와 독일 국민들의 반전 운동에 영향을 주었다. 독일 킬항에서 일어난 독일 군인의 반란으로 독일 황제는 네덜란드로 망명하고, 1918년 11월 독일 임시 정부는 연합국에 무조건 항복하였다.

결과

제1차 세계 대전은 900만 명의 사망자와 2,200만 명의 부상자라는 엄청난 피해를 남겼다. 사람들 사이에는 반전 의식이 확

산하여 국제 평화를 위한
국제적 노력이 이어졌다.

국제 정치에도 변화가 나
타나 독일, 오스트리아, 오
스만 제국, 러시아 등의 전
제 국가가 무너지거나 해체
되었고, 유럽 국가들 가운

제1차 세계 대전에 사용된 여러 가지 신무기

데 절반에 가까운 국가에서 공화정이 수립되었다. 또한 영국과
프랑스 등 유럽 열강의 세력이 약해지

고 미국이 전후의 세계 질서를 이끌어 갔다.

제1차 세계 대전은 총력전으로 진행되었기 때문에 전쟁 과정
에서 국가 우월주의가 나타나 파시즘이 등장할 수 있는 기반을
만들었다. 그러나 여성의 사회적 참여가 늘어나고, 민주주의가
발달하였으며 사회 구성원 간의 평등에 대한 관심과 요구가 높
아졌다.

밤을 대낮처럼

축음기를 발명한 다음 해 에디슨은 전깃불에 관한 연구를 시작했다.

당시 미국에는 전깃불이 있기는 했지만, 그것은 아크등으로 빛이 너무 강하여 광장 같은 넓은 곳을 비추는 데만 쓰였을 뿐, 일반 가정에서는 가스등이나 석유램프, 양초 등을 사용하고 있었다.

'작지만 밝게 빛나는 것을 만들 수는 없을까? 게다가 값도 싸서 누구나 쓸 수 있으면 좋을 텐데.'

에디슨은 곧 실험에 들어갔다. 가느다란 철사에 전기를 통하면 밝게 빛을 내지만 금방 끊어져 버렸다.

그래서 잘 끊어지지 않는 선을 만들기 위해 여러 가지 재료로 실험했다.

먼저 유리로 공을 만들어 그 속에 전기를 통하게 했다.

에디슨은 몇 번이나 실험을 되풀이했지만 계속 실패했다. 그러다 갑자기 새로운 생각이 떠올랐다.

'옳지! 탄소를 쓰면 어떨까?'

그는 무명실에 타르의 혼합물을 발랐다.

그런 다음 둥근 모양을 만들어 가마솥에 넣었다.

에디슨은 어떻게든 망가지지 않는 탄소 필라멘트를 만들려고 애썼다.

그리하여 사흘째 되는 날 드디어 성공했다.

에디슨은 기도하는 마음으로 그곳에 전류를 흘려보냈다.

필라멘트는 처음에 붉은빛을 내더니 마침내 밝게 켜졌다.

"이야, 켜졌다. 켜졌어! 드디어 성공이다!"

밝게 켜진 전등은 한두 시간이 지나고 한밤중이 되어도

꺼지지 않았다. 그 불빛은 그렇게 마흔다섯 시간 동안이나
환히 빛나다 꺼졌다.

　1879년, 에디슨의 나이 서른두 살 때의 일이었다.

　세상 사람들은 또다시 에디슨의 연구소로 몰려들었다.
이번에는 꺼지지 않는 환한 전등불을 보기 위해서였다.

"와, 정말 꿈만 같군!"

"마치 마법에 홀린 것 같아. 에디슨은 정말 마술사야!"

"에디슨 만세!"

사람들은 밝은 빛을 넋을 잃고 바라보며 감탄했다.

에디슨은 각 마을과 가정으로 전선을 연결해 모두가 밝은 전등을 켤 수 있게 만들고 싶었다.

그러려면 전구 회사를 세워서 각 가정으로 전선을 연결해 주어야 하고, 밝고 값싼 전구의 개발도 필요했다.

그러나 사람들은 밝은 빛을 보고 감탄만 할 뿐, 아직 전등의 가치를 제대로 깨닫지 못해 누구 하나 에디슨을 도우려 하지 않았다.

"할 수 없군. 아무도 도와주려 하지 않으니 내가 직접 나서야겠어."

에디슨은 그동안 발명으로 모은 재산을 모두 털어 새 전등 회사를 세웠다.

1882년 9월 4일, 뉴욕시 일부에 처음으로 4백 개의 전등을 보급하게 되었다.

"이제 뉴욕은 밤이 없는 도시가 되었어."

"어쩌면 이렇게도 환할까."

그날 밤, 뉴욕시는 완전히 축제 분위기였다.

발명왕 에디슨은 전등 연구 때문에 10년 동안이나 중단되었던 축음기에 대한 연구를 다시 하기로 마음먹었다.

축음기를 연구하던 에디슨은 문득 이런 생각이 들었다.

'축음기에서 소리를 만들어 낸 것처럼, 활동사진*을 만들 수는 없을까?'

그러던 중 에디슨은 같은 그림을 몇 장씩 겹쳐 돌리면 움직이는 것처럼 보인다는 것을 알아냈다.

그날부터 에디슨은 움직이는 사진에 대한 본격적인 연구에 들어갔다.

활동사진

영화를 옛날 말로 일컫는 표현. 1895년 프랑스의 뤼미에르 형제에 의해 탄생한 영화는 일본에 수입되면서 활동사진으로 불렸다. 그 뒤 영화가 단순한 구경거리 차원을 넘어 예술의 단계로 발전함에 따라 '영화'라고 부르게 되었다.

<바람과 함께 사라지다>의 한 장면

움직이는 사진을 만들려면 먼저 사진기에 관한 공부를
해야 하였다.

에디슨은 지금까지 사진기라곤 손댄 일조차 없었지만,
먼저 사진기에 관한 연구부터 시작하기로 마음먹었다.

에디슨은 처음엔 비슷한 사진을 여러 장 찍어서, 차례로
상자 속에 넣고 들여다보았다.

"안 되겠어. 더욱 많은 사람들이 보려면, 사진의 크기가
지금보다 훨씬 크지 않으면 안 돼!"

그래서 에디슨은 우선 영사기를 만들었다.

그 뒤 여러 가지로 연구한 끝에 드디어 움직이는 사진 키
네토그래프라는 카메라를 발명하고, 이어서 키네토스코프
라는 영사기를 발명하여 무성 영화를 만드는 데 성공했다.

"와, 정말 신기한데!"

"먼로파크의 마술사는 언제나 우리에게 새로운 보물만
만들어 주는군."

사람들은 깜짝 놀라며 기뻐했다.

그 뒤, 에디슨은 계속 연구하여 소리 나는 영화도 발명했다.

1914년 7월, 유럽에서 제1차 세계 대전이 일어났다.

에디슨은 평화를 사랑하는 사람이었다. 그는 언제나 여러 가지 발명을 하여 온 세계 사람들이 넉넉하게 살 수 있다면, 전쟁 같은 불행한 일은 없어질 거로 생각했다.

전쟁이 일어나자, 독일의 상선들이 들어올 수 없게 되었다. 이 바람에 미국의 상공업계는 큰 소동이 벌어졌다.

에디슨의 축음기 공장에서도 레코드(음반)를 만드는 데 필요한 석탄산을 약품 공장에 주문했다.

"석탄산이오? 기다려야 해요. 아마도 빨라야 1년 정도 걸릴 거예요."

그 말을 들은 에디슨은 답답해서 견딜 수가 없었다.

"안 되겠어. 직접 만들어서라도 써야지!"

에디슨은 곧 화학 공장으로 들어가 연구를 시작했다.

하루 24시간을 3교대로 근무하는 연구소의 직원들과 함께 연구한 결과, 마침내 20일째 되는 날 석탄산을 만들어 내는 데 성공했다.

이때 전쟁은 날로 치열해졌다.

그러자 미국의 해군 총사령관인 대니얼스는 전쟁에 무엇보다 과학의 힘을 이용해야겠다고 생각하고 있었다. 그래서 많은 과학자들을 불러 모아 해군 자문 위원회라는 것을 만들었다.

대니얼스 사령관은 이 위원회의 의장에 발명왕 에디슨을 앉혀 놓아야겠다고 생각했다. 하지만 에디슨은 전쟁을 매우 싫어하는 사람이라서, 이를 완강하게 거절했다.

다급해진 대니얼스가 마침내 에디슨의 집으로 찾아왔다.

"전쟁의 불길로부터 온 인류를 구해 내기 위해서는 무엇보다도 빨리 이 전쟁을 끝내야 합니다. 그러기 위해서는 군대의 힘뿐만 아니라 공업이나 과학의 힘까지도 이용해야 합니다. 에디슨 씨! 이번에 만든 해군 자문 위원회 의장직을 맡아 주십시오."

"나도 물론 평화를 찾겠다는 생각은 같습니다. 그렇지만 무기 연구라면 사양할 수밖에 없습니다."

"무기 연구가 아닙니다. 에디슨 씨가 그동안 쌓은 공적 때문에 부탁하는 겁니다."

"그렇다면… 좋습니다."

이리하여 의장이 된 에디슨이 풀어야 할 시급한 문제는 독일군 잠수함의 공격을 어떻게 하면 막을 수 있을까 하는 것이었다.

그러나 에디슨에게는 그런 연구를 할 시간이 도무지 나지 않았다.

그래서 크리치 박사를 불러들였다. 그는 텅스텐 필라멘트를 발명한 사람이었다.

"잠수함 탐지기를 만들어 보게. 텅스텐보다야 쉽지 않겠나?"

"하하하, 그런데 선생님! 어떤 방법으로 하면 좋을까요?"

"아무래도 물속에서 들을 수 있는 기계가 좋겠지."

그런데 실험은 생각보다 힘들었다. 여러 가지 금속품을 이용해 만들었지만 잘되지 않았다. 하는 수 없이 크리치 박사는 에디슨의 방으로 갔다.

"음, 의사가 쓰는 청진기 같은 것을 사용해 보면 어떻겠나?"

연구소로 돌아온 크리치는 쇠붙이 대신 고무를 가지고 실험해 보았다. 그러자 과연 물속의 소리가 들리기 시작했다.

이렇게 하여 그는 마침내 잠수함 탐지기를 만들어 냈다.

그러는 동안 에디슨은 이 기구를 이용하여 무선 전화의 진공관을 만들어 냈다. 전쟁에는 그다지 필요하지 않았지만, 이것은 뒷날 라디오 발달에 큰 도움이 되었다.

전쟁은 점점 독일에 불리해졌다. 이에 따라 연합군 측의 기세는 하늘을 찌를 듯 높았다.

전쟁은 막바지로 접어들고 있었다.

이때 특히 독일을 두렵게 한 것은 발명왕 에디슨이 미국 과학 기술자의 지도자라는 사실이었다.

"에디슨의 머리는 백 개의 사단 병력보다도 더 큰 구원군이란 말이야!"

독일의 황제 빌헬름도 이렇게 말하며 걱정했다.

1918년 11월, 독일은 마침내 항복했다.

에디슨의 나이 일흔한 살 때의 일이었다.

"후유, 이제야 내 연구를 할 수 있게 되었구나!"

그는 비로소 안도의 한숨을 쉬었다.

에디슨의 연구소와 공장에는 에디슨을 도와 여러 가지

일을 하는 사람들이 많았다.

그들은 마음속으로 에디슨을 존경하고 따랐으며, 언제까지나 곁에 있고 싶어 했다.

1929년, 전등 발명 50주년 기념회가 성대하게 열렸다. 밤을 대낮처럼 밝게 만든 에디슨의 연구를 축하하기 위한 것으로, 세계 각국에서 많은 사람들이 참석했다. 이때 대통령까지 참석하여 에디슨을 축하하고 격려해 주었다.

기념회가 시작되자, 먼저 대통령이 간단하게 축하의 말을 했다. 이어 에디슨이 인사말을 하려고 일어섰다.

그런데 말하려던 에디슨이 갑자기 비틀거리며 쓰러졌다.

"앗!"

모두 깜짝 놀라 에디슨을 부축하여 병원으로 옮겼다.

그는 한동안 치료를 위하여 누워 있었는데, 누워 있는 동안에도 연구하는 일은 잊지 않았다.

'풀에서 고무를 뽑아내는 방법을 빨리 찾아내야겠는데 어떻게 하지?'

그의 머릿속에는 이런 생각들로 가득 차 있었다.

얼마 후, 기운을 되찾은 에디슨은 또다시 연구소에 틀어박혀 연구에 몰두했다.

이 무렵 에디슨은 라디오 방송을 통해 어린이들에게 이런 부탁의 말을 했다.

"어린이 여러분! 언제나 용기를 잃지 말고 앞으로 끊임없이 나아갑시다."

그 뒤 얼마 안 있어 에디슨은 다시 시름시름 앓다가 끝내 자리에 눕고 말았다.

'아직도 이 세상을 위해 할 일이 너무도 많은데 이렇게 누워 있어야 한다니.'

1931년, 여든네 살이 된 에디슨은 전등 발명 축하 기념회 때 쓰러졌던 병이 다시 도져 그해 10월 18일, 세상을 떠나고 말았다.

사흘 뒤에 에디슨의 장례식이 치러졌다. 그날 밤 10시, 미국 전체가 캄캄해졌다.

모든 사람들 에디슨의 죽음을 슬퍼하며, 그의 명복을 빌기 위해 일제히 전등을 끈 것이다.

에디슨이 일생 개발하고 발명한 1천 종류 이상의 발명품은 오늘날까지 우리들의 생활을 편리하게 해 주고 있다.

그는 누구도 따를 수 없는 '발명왕'이었다.

에디슨은 때때로 어린 시절을 회상하면서 이렇게 말했다고 한다.

"그때 내가 가는귀먹은 것은 도리어 잘된 일이었다. 그 덕택으로 주위의 시끄러운 소리가 들리지 않아서 독서하거나 발명품 연구에 온 정신을 쏟을 수 있었으니 말이야."

이처럼 에디슨은 괴롭고 불행한 일도 오히려 좋게 생각하며 살아온 참으로 훌륭한 생각을 하는 사람이었다.

그의 발명은 '99퍼센트의 노력과 1퍼센트의 영감'에 의해 이루어졌다. 오직 끈질긴 탐구 정신과 꾸준한 노력으로 발명왕이 되었던 에디슨은 언제까지나 우리들의 가슴속에 살아남아 불멸의 인간으로 기억될 것이다.

에디슨의 생애

에디슨을 일컬어 흔히 발명왕이라 이른다.

그는 정규 교육이라곤 비록 3개월밖에 받지 못했지만, 인류의 생활에 그 누구보다 많은 도움을 주었다.

우리의 머리 위에서 빛나는 백열전구나 축음기, 유성 영화 등의 발명은 그의 창조적 사고와 실험 정신에 의한 결과였다는 사실을 우리는 항상 명심할 필요가 있다.

에디슨
(Thomas Alva Edison 1847~1931)

1847년

이리호 근처의 밀란이라는 곳에서 태어났다.

1854년

일곱 살 때 가족이 미시간주 포트휴런으로 이사를 했기 때문에 에디슨은 그곳에서 초등학교에 입학했다. 그러나 3개월 만에 학교를 그만두고 교사였던 어머니로부터 교육을 받았다.

1859년

포트휴런과 디트로이트 사이의 기차에서 신문팔이 소년이 되어 신문을 팔면서 집에서는 전신 놀이를 했고, 기차에서는 실험실을 차려 놓고 여러 가지 실험을 시작했다.

1861년

《위클리 헤럴드》라는 신문을 만들어 팔았는데 1862년엔 기차에 설치했던 실험실에서 불이 나 쫓겨났다. 한편, 역장의 아들을 기차로부터 구해 주어 그 보답으로 역장에게 전신 기술을 배우게 되었다.

1863년

캐나다의 스트래트퍼드 역의 전신 기사가 되었다. 이때부터 1869년까지 여러 곳을 나니며 전신수로 근무했다.

1868년

전기식 투표 기록기를 발명하여 1869년에 첫 특허를 얻었다.

1870년
주식 시세 통보기를 발명했다. 1871년에는 타이프라이터를 발명하고 메리 스틸엘과 결혼했다.

1876년
먼로파크에 연구소를 설치하고 전화 탄소 송화기를 발명했다. 또한 1877년에는 전화의 음성을 재생하는 방법을 연구하여 최초의 축음기를 만들었다. 처음에는 축음기에 주석박을 사용했는데 1878년에 이것을 납관으로 바꾸었다. 축음기는 에디슨이 가장 아끼는 발명품이 되었다.

1882년
최초의 중앙 화력 발전소가 뉴욕에 건설되자 지금까지 발명한 백열 전구와 전등 부속품을 바탕으로 에디슨 전등 회사를 설립했다.

1889년
유성 영화를 만들어 파리 세계 박람회에서 크게 환영받았다.

1913년
활동사진과 축음기를 조합시킨 키네토폰을 발명했다.

1914년
제1차 세계 대전이 일어나자 1915년에 미해군 자문 위원회 의장에 취임했다.

1931년
10월 18일, 뉴저지주 웨스트 오렌지에서 세상을 떠났다.